I0080356

MÉTHODE D'ENSEIGNEMENT PAR L'ASPECT

ATLAS D'HISTOIRE NATURELLE

LE CORPS HUMAIN

DESCRIPTION ANATOMIQUE DE L'HOMME

PAR

THÉODORE ECKARDT

24 PLANCHES COLORIÉES, AVEC TEXTE EXPLICATIF

PARIS

J. BONHOURE ET CIE, ÉDITEURS

48, RUE DE LILLE, 48

PRÉFACE

Bien que l'étude de l'anatomie n'ait pas encore été introduite, comme dans des pays voisins, dans le plan d'instruction des écoles primaires, nous considérons comme un devoir d'offrir à la jeunesse les moyens de connaître les détails les plus importants de la structure du corps humain; elle doit, non-seulement apprendre les lois d'après lesquelles les corps qui nous environnent dans la nature agissent sur notre organisme, mais aussi la façon dont celui-ci se comporte vis-à-vis d'eux, et les principes d'après lesquels, en vertu de l'expérience et des connaissances acquises, l'homme doit vivre afin de conserver la santé corporelle.

L'anatomie, la science de la structure du corps humain, et la physiologie, la science des fonctions de l'organisme vivant, ne sont plus exclusivement des sciences auxiliaires de la médecine; elles sont appelées aussi à devenir le bien commun de toutes les classes de la société et de chaque individu en particulier. C'est maintenant le devoir de l'école de procurer aux générations grandissantes ces connaissances si importantes; l'instituteur doit mettre à la portée de la jeunesse le matériel que les hommes de science les plus éminents ont accumulé à force de travail, et qu'ils enrichissent encore tous les jours.

En ce qui concerne la position, la grandeur et la couleur, il a été quelquefois difficile de choisir les figures (exécutées en partie d'après les planches d'ouvrages très-connus), de manière à les mettre à la portée d'un œil inexpérimenté et non accoutumé à regarder méthodiquement. Bien des choses n'ont pu être présentées que sous forme de schéma, c'est-à-dire en faisant abstraction de certaines particularités de forme, de volume, etc. Le texte a été rédigé de telle sorte que, avec son aide, l'écolier pût comprendre parfaitement les figures; mais on a laissé à l'enseignement plus vivant de l'instituteur tout ce qui pouvait avoir trait à des questions de chimie, de physique et d'hygiène.

Le but de cet ouvrage a été d'offrir à la jeunesse, d'une façon aussi étendue et aussi complète que possible, le moyen d'acquérir la connaissance du corps humain.

Ce n'est qu'en s'imposant de réels sacrifices, et mus par le désir de créer avant tout une œuvre à la portée des écoles primaires, que les éditeurs ont pu atteindre un prix d'une modicité sans exemple pour un ouvrage illustré de cette importance.

TABLE

DES FIGURES ET DES SIGNES

PLANCHES I, II.

A. SQUELETTE VU PAR DEVANT.

1. Os frontal. — Os frontis.
2. Os pariétal. — Os parietale.
3. Os temporal. — Os temporum.
4. Mâchoire inférieure. — Maxilla superior.
5. Mâchoire supérieure. — Maxilla inferior.
6. Vertèbres cervicales. — Vertebræ cervicis.
7. Humerus.
8. Radius.
9. Cubitus. — Ulna.
10. Os de la main. — Ossa manus.
11. Clavicule. — Clavicula.
12. Sternum.
13. Appendice xiphoïde. — Processus ensiformis.
14. Côtes vraies. — Costæ veræ.
15. Fausses côtes. — Costæ spuriæ.
16. Vertèbres dorsales.— Vertebræ thoracis.
17. Vertèbres lombaires. — Vertebræ lumborum.
18. Sacrum. — Os sacrum.
19. Os iliaque. — Os innominatum.
20. Fémur. — Os femoris.
21. Rotule. — Patella.
22. Tibia.
23. Péroné. — Fibula.
25. Os du pied. — Ossa pedis.

B. SQUELETTE VU PAR DERRIÈRE.

1. Occipital. — Os occipitis.
2. Pariétaux. — Ossa parietalia.
3. Temporal. — Os temporum.
4. Os malaire. — Os zygomaticum.
5. Mâchoire inférieure. — Maxilla inferior.
6. Vertèbres cervicales. — Vertebræ cervicis.
7. Vertèbres dorsales.— Vertebræ thoracis.
8. Vertèbres lombaires. — Vertebræ lumborum.
9. Sacrum.
10. Fausses vertèbres. — Os coccygis.
11. Clavicule. — Clavicula.
12. Omoplate. — Scapula.
13. Côtes vraies. — Costæ veræ.
14. Fausses côtes. — Costæ spuriæ.
15. Os iliaque. — Os innominatum.
16. Ischion. — Os ischii.
17. Humerus.
18. Radius.
19. Cubitus. — Ulna.
20. Os de la main. — Ossa manus.
21. Fémur. — Os femoris.
22. Tibia.
23. Péroné. — Fibula.
24. Os du pied. — Ossa pedis.

PLANCHE III.

A. CRANE VU PAR DEVANT.

1. Os frontal. — Os frontis.
2. Os pariétaux. — Ossa parietalia.
3. Sphénoïde. — Os sphenoïdeum.
4. Temporaux. — Ossa temporum.
5. Os malaires. — Ossa zygomatica.
6. Os du nez. — Ossa nasalia.
7. Cloison des fosses nasales. — Lamina perpendicularis.
8. Mâchoire supérieure. — Maxilla superior. Superficies facialis.
9. Mâchoire inférieure. — Maxilla inferior.

B. CRANE VU PAR-DESSOUS.

1. Portion palatine de la mâchoire supérieure.—Maxilla superior. Processus palatinus et alveolaris.
2. Mâchoire supérieure. — Maxilla superior. Superficies facialis.
3. Os palatins. — Ossa palatina.
4. Sphénoïde. — Os sphenoideum.
5. Vomer. — Os vomeris.
6. Temporaux. — Ossa temporum.
7. Rocher (temporal). — Pars petrosa. Os temporum.
8. Apophyse basilaire de l'occipital. — Os occipitis. Pars basilaris.
9. Occipital. — Os occipitis. Pars occipitalis.
10. Trou occipital. — Foramen occipitale magnum.
11. Fosses nasales. — Choanæ narium.
12. Apophyse styloïdienne du temporal. — Processus styloideus. Os temporum.
13. Os malaires. — Ossa zygomatica.
14. Pariétaux. — Ossa parietalia.
15. Surfaces articulaires de l'occipital; articulation avec la première vertèbre cervicale. — Os occipitis. Partes condyloideæ.

C. DENTS.

1, 2. Incisives. — Dentes incisivi.
3. Canine. — Dens canis.
4, 5. Petites molaires. — Dentes buccales.
6, 7. Grosses molaires. — Dentes molares.
8. Dent de sagesse. — Dens sapientiæ.
   a. Couronne.
   b. Col.
   c. Racine.

D. COUPE D'UNE DENT.

1. Substance de la dent.
2. Ivoire.
3. Cavité dentaire avec canal.
4. Cément.
5. Nerfs et vaisseaux.
6. Os maxillaire.
7. Gencive.

E. COUPE D'UN OS.

1. Canaux des vaisseaux sanguins.
2. Couches de la substance osseuse.
3. Cellules osseuses avec canalicules.

F. PREMIÈRE VERTÈBRE CERVICALE (Atlas) VUE D'EN HAUT ET PAR DERRIÈRE.

1. Arc antérieur.
2. Arc postérieur.
3. Apophyse transverse.
4. Surface articulaire.
5. Fossette articulaire.
6. Ouverture pour la moelle épinière.

G. DEUXIÈME VERTÈBRE CERVICALE (Epistropheus) VUE PAR DERRIÈRE.

1. Apophyse odontoïde.
2. Sa surface articulaire.
3. Apophyse articulaire supérieure.
4. Apophyse articulaire inférieure.
5. Apophyse transverse.

PLANCHE IV.

A. CRANE DE MONGOL VU DE CÔTÉ.
B. CRANE DE MONGOL VU DE FACE.

C. CRANE DE NÈGRE VU DE CÔTÉ.
D. CRANE DE NÈGRE VU DE FACE.

E. CRANE PRÉHISTORIQUE DE LA CAVERNE DE FURFOOS, EN BELGIQUE.

LANCHE V.

A. OS HYOIDE. — *Os hyoides.*

1. Partie moyenne. — Corpus ossis hyoidei.
2. Grandes cornes. — Cornua majora.
3. Petites cornes. — Cornua minora.

B. FIXATION DE L'OS HYOIDE.

1. Partie moyenne.
2. Grande corne gauche.
3. Larynx.
4. Deux muscles sterno-hyoïdiens.
5. Muscles thyro-hyoïdiens.
6. Muscles mylo-hyoïdiens.
7. Muscles stylo-hyoïdiens.
8. Muscles sterno-mastoïdiens.

C. CRANE D'UN TRÈS-JEUNE ENFANT.

1. Fontanelle frontale ou grande fontanelle.
2. Fontanelle occipitale ou petite fontanelle.
3. Fontanelle sphénoïdale.
4. Fontanelle mastoïdienne.

D. CRANE D'UN ENFANT AVEC LES DENTS DE LAIT ET LES DENTS PERMANENTES DÉVELOPPÉES SEULEMENT DANS LA MACHOIRE SUPÉRIEURE.

1. Dents de lait.
2. Dents permanentes.
3. Germes dentaires.

E. — SQUELETTE DU GORILLE (pour comparer à celui de l'homme).

PLANCHE VI.

A. SQUELETTE DE LA MAIN DROITE, VU PAR LA FACE DORSALE.

1. Première phalange. — Phalanx prima.
2. Deuxième phalange. — Phalanx secunda.
3. Troisième phalange. — Phalanx tertia.
4. Os du métacarpe. — Ossa metacarpi.
5. Trapèze. — Multangulum majus.
6. Trapézoïde. — Multangulum minus.
7. Grand os. — Os capitatum.
8. Os crochu. — Os hamatum.
9. Scaphoïde. — Os scaphoideum.
10. Semi-lunaire. — Os lunatum.
11. Pyramidal. — Os triquetum.
12. Pisiforme. — Os pisiforme.
13. Radius } Os de l'avant-bras. — Ossa antibrachii.
14. Cubitus }

B. LIGAMENTS ET ARTICULATIONS DU 4e ET DU 5e DOIGTS DE LA MAIN DROITE, VUS DU COTÉ PALMAIRE.

1. Première phalange. — Phalanx prima.
2. Deuxième phalange. — Phalanx secunda.
3. Troisième phalange. — Phalanx tertia.
4. Os du métacarpe. — Ossa metacarpi.
5. Ligaments latéraux externes des doigts. — Ligamenta lateralia digitorum externa.
6. Ligaments latéraux internes des doigts. — Ligamenta lateralia digitorum interna.
7. Capsule fibreuse. — Ligamentum capsulare.
8. Ligaments transverses du métacarpe. — Ligamentum transversum.

C. SQUELETTE DU PIED DROIT, VU DU COTÉ DE LA PLANTE.

1. Première phalange. — Phalanx prima.
2. Deuxième phalange. — Phalanx secunda.
3. Troisième phalange. — Phalanx tertia.
4. Os du métatarse. — Ossa metatarsi.
5. Os cunéiforme interne. — Os entocuneiforme.
6. Os cunéiforme moyen. — Os mesocuneiforme.
7. Os cunéiforme externe. — Os ectocuneiforme.
8. Cuboïde. — Os cuboideum.
9. Naviculaire. — Os naviculare (seu scaphoideum).
10. Astragale. — Talus.
11. Calcaneum.
12. Sésamoïdes. — Ossa sesamoïdea.

D. LIGAMENTS ET ARTICULATION DU 4e ET DU 5e DOIGTS DU PIED DROIT, DU COTÉ DE LA PLANTE.

1. Première phalange.
2. Deuxième phalange.
3. Troisième phalange.
4. Os du métatarse.
5. Ligaments externes des doigts de pied
6. Ligaments internes.
7. Ligaments transverses du métatarse.

E. ROTULE DU CÔTÉ ANTÉRIEUR.

1. Pointe. — Apex.
2. Surfaces articulaires pour les condyles du fémur. — Superficies articularis.

F. LIGAMENTS DE L'ARTICULATION DU GENOU.

1. Condyle externe du fémur. — Condylus externus femoris.
2. Condyle interne du fémur. — Condylus internus femoris.
3. Tibia.
4. Rotule. — Patella (relevée).
5. Capsule articulaire. (Ligamentum capsulare genu) et insertion des extenseurs.
6. Ligaments croisés. — Ligamenta cruciata et alaria.
7. Ligament latéral. — Ligamentum laterale.

PLANCHES VII, VIII.

A. FIGURE REPRÉSENTANT LES MUSCLES SUPERFICIELS.

1. Muscles de la tête.
2. Sterno-mastoïdien. — Musculus sterno-cleido-mastoideus.
3. Trapèze. — Musculus cucullaris.
4. Deltoïde. — Musculus deltoideus.
5. Grand pectoral. — Musculus pectoralis major.
6. Grand dentelé. — Musculus serratus anticus major.
7. Grand dorsal. — Musculus latissimus dorsi.
8. Grand droit antérieur de l'abdomen. — Musculus rectus abdominis.
9. Grand oblique. — Musculus obliquus abdominis.
10. Grand fessier. — Musculus glutæus.
11. Droit antérieur. — Musculus rectus femoris.
12. Couturier. — Musculus sartorius.
13. Extenseur de la jambe. — Musculus extensor cruris quadriceps.
14. Tibial antérieur. — Tibialis anticus.
15. Extenseur commun des orteils.
16. Soléaire. — Musculus soleus.
17. Péronier. — Musculus peroneus.

18. Fléchisseur commun des orteils. — Musculus flexor digitorum communis longus.
19. Muscles du pied.
20. Biceps brachial. — Musculus biceps brachii.
21. Triceps brachial. — Musculus triceps brachii.
22. Brachial interne. — Musculus brachialis internus.
23. Fléchisseur des doigts. — Musculus flexor digitorum.
24. Fléchisseur du pouce. — Musculus flexor pollicis longus.
25. Fléchisseur commun des doigts. — Musculus extensor digitorum communis flexor.
26. Rond pronateur. — Musculus pronator teres.
27. Long supinateur. — Supinator longus.
28. Muscles de la face dorsale de la main.

B. MUSCLES DU DOS.

a-g. Vertèbres cervicales.
I-XII. Vertèbres dorsales :

1. Sterno-mastoïdien. — Musculus sterno-cleido-mastoideus.
2. Splenius. — Musculus splenius capitis et colli.
3. Trapèze. — Musculus cucullaris.
4. Angulaire de l'omoplate. — Musculus levator scapulæ.
5. Grand dorsal. — Musculus latissimus dorsi.
6. Rhomboïde. — Musculus rhomboïdeus.
7. Deltoïde. — Musculus deltoideus.
8. Sous-épineux. — Musculus infraspinatus.
9. Grand rond. — Musculus teres major.
10. Petit rhomboïdien. — Musculus rhomboïdeus minor.
11. Intercostaux externes. — Musculi intercostales externi.
12. Petit dentelé postérieur-inférieur. — Musculus serratus posticus inferior.
13. Sacro-lombaire. — Musculus lumbocostalis.
14. Long dorsal. — Musculus longissimus dorsi.
15. Inter-épineux. — Musculi spinalis dorsi.
16. Sus-épineux. — Musculus supraspinatus.

C. MUSCLES ET LIGAMENTS DE LA MAIN, VUS PAR LA FACE PALMAIRE.

1. Ligaments obliques. — Ligamenta obliqua.
2. Ligaments croisés. — Ligamenta cruciata.
3. Ligament annulaire. — Ligamentum annularium.
4. Ligament propre du carpe. — Ligamentum carpi volare proprium.
5. Court fléchisseur du petit doigt. — Musculus flexor digiti minimi brevis.
6. Tendons des flexeurs.
7. Lombricaux. — Musculi lumbricales.
8. Palmaire cutané. — Musculus palmaris brevis.
9. Adducteur du pouce. — Musculus adductor pollicis.
10. Court fléchisseur du pouce. — Musculus flexor pollicis brevis.
11. Opposant du pouce. — Musculus opponens pollicis.
12. Court abducteur du pouce. — Musculus abductor pollicis brevis.
13. Fléchisseur commun des doigts. — Musculus flexor digitorum communis.
14. Os pisiforme. — Os pisiforme.

D. MUSCLES ET LIGAMENTS DE LA MAIN, VUS PAR LA FACE DORSALE.

1. Extenseur du petit doigt. — Musculus extensor digiti minimi proprius.
2. Extenseur commun des doigts. — Musculus extensor digitorum communis.
3. Ligaments transverses. — Ligamenta transversa.
4. Muscles interosseux. — Musculi interossei externi.
5. Abducteur du petit doigt. — Musculus abductor digiti minimi.
6. Court extenseur du pouce. — Musculus extensor pollicis brevis.
7. Extenseur long du pouce. — Musculus extensor pollicis longus.
8. Adducteur du pouce. — Musculus adductor pollicis.
9. Ligament dorsal du carpe. — Ligamentum carpi dorsale.
10. Radius.
11. Cubitus. — Ulna.

E. MUSCLES ET LIGAMENTS DU PIED, DU CÔTÉ DORSAL.

1. Long extenseur commun des orteils. — Musculus extensor digitorum communis longus.
2. Court extenseur commun des orteils. — Musculus extensor digitorum communis brevis.
3. Court extenseur du gros orteil. — Musculus extensor hallucis brevis.
4. Long extenseur du gros orteil. — Musculus extensor hallucis longus.
5. Muscles interosseux du côté dorsal. — Musculi interossei pedis externi.
6. Abducteur du gros orteil. — Musculus abductor hallucis.
7. Abducteur du petit orteil. — Musculus abductor digiti minimi.
8. Ligament croisé. — Ligamentum cruciatum.

F. MUSCLES ET LIGAMENTS DU PIED, DU CÔTÉ PLANTAIRE.

1. Court fléchisseur commun des orteils. — Musculus flexor digitorum pedis communis brevis.
2. Long fléchisseur commun des orteils. — Musculus flexor digitorum communis longus.
3. Fléchisseur du gros orteil. — Musculus flexor hallucis.
4. Abducteur du gros orteil. — Musculus abductor hallucis.
5. Abducteur du petit orteil. — Musculus abductor digiti minimi pedis.
6. Muscles interosseux. — Musculi interossei pedis interni.
7. Muscles lombricaux du pied. — Musculi lumbricales pedis.
8. Ligament.
9. Calcaneum. — Calcaneus.

PLANCHE IX.

A. MUSCLES SUPERFICIELS DE LA TÊTE.

1. Aponévrose épicrânienne. — Galea aponeurotica cranii.
2. Muscle frontal. — Musculus frontalis.
3. Temporal. — Musculus temporalis.
4. Orbiculaire des paupières. — Orbicularis palpebrarum.
5. Grand zygomatique. — Musculus zygomaticus major.
6. Petit zygomatique. — Musculus zygomaticus minor.
7. Releveur de l'aile du nez et de la lèvre supérieure. — Levator alæ nasi et labii superioris.
8. Compresseur de l'aile du nez. — Musculus compressor nasi.
9. Buccinateur. — Musculus buccinator.
10. Orbiculaire des lèvres. — Musculus orbicularis oris.
11. Masseter. — Musculus masseter.
12. Sterno-mastoïdien. — Sterno-cleido-mastoïdeus.

13. Trapèze. — Musculus cucullaris.
14. Splenius. — Musculus splenius.
15. Releveur de la lèvre supérieure.— Musculus levator labii superioris proprius.
16. Canin. — Musculus levator anguli oris.
17. Risorius. — Musculus risorius Santorini.
18. Dépresseur du nez. — Musculus depressor alæ nasi.
19. Triangulaire des lèvres. — Musculus depressor anguli oris.
20. Carré du menton. — Musculus depressor labii inferioris.
21. Houppe du menton. — Levator menti.
22. Pyramidal. — Musculus procerus.
23. Paupière supérieure. — Palpebra superior.
24. Paupière inférieure. — Palpebra inferior.
25. Auriculaire supérieur. — Musculus attollens auriculæ.
26. Auriculaire antérieur. — Musculus attrahens auriculæ.
27. Auriculaire postérieur. — Musculus retrahens auriculæ.
28. Occipital. — Musculus occipitalis.

B. MUSCLES EXTERNES DU CŒUR, FACE ANTÉRIEURE.

1. Faisceaux musculaires du ventricule droit.
2. Faisceaux musculaires du ventricule gauche.
3. Faisceaux musculaires de l'oreillette droite.
4. Faisceaux musculaires de l'oreillette gauche.
5. Faisceau musculaire commun des deux oreillettes.
6. Fibres musculaires de l'oreillette gauche.
7. Veines pulmonaires.
8. Veine cave supérieure.
9. Veine cave inférieure.
10. Artère pulmonaire (avec les valvules.)

C. FIBRES MUSCULAIRES STRIÉES AVEC LA TERMINAISON D'UN NERF (Schema).

1. Fibres striées au repos.
2. Éléments des fibres striées pendant la contraction.
3. Nerf moteur.
4. Plaque terminale du même.
5. Noyaux de nerf.
6. Noyaux de muscle.

D. FIBRES STRIÉES TRAITÉES PAR UN ACIDE FAIBLE (grossissement considérable).

1. Fibres primitives.
2. Stries transversales.
3. Stries longitudinales.
4. Noyaux des cellules.
5. Fibres musculaires divisées en disques.

E. FIBRES MUSCULAIRES LISSES (considérablement grossies.)

1. A demi développées.
2. Complétement développées.

PLANCHE X.

A. VAISSEAUX DE LA FACE ET DE L'ENVELOPPE CRANIENNE.

1. Artère carotide externe. — Carotis externa.
2. Carotide interne. — Carotis interna.
3. Auriculaire postérieure. — Arteria auricularis posterior.
4. Occipitale. — Arteria occipitalis.
5. Temporale superficielle. — Arteria temporalis superficialis.
6. Branche frontale de la temporale. — Arteria temporalis ramus anterior.
7. Branche occipitale de la temporale. — Arteria temporalis ramus posterior.
8. Artère maxillaire interne. — Arteria maxillaris interna.
9. Artère maxillaire externe. — Arteria maxillaris externa.
10. Submentale. — Arteria submentalis.
11. Coronaire labiale. — Arteria coronaria labii superioris et inferioris.
12. Artère angulaire. — Arteria angularis.
13. Frontale. — Arteria frontalis.
14. Veine faciale antérieure. — Vena facialis anterior.
15. Veine faciale postérieure. — Vena facialis posterior.
16. Veine temporale superficielle. — Vena temporalis superficialis.
17. Veine temporale moyenne. — Vena temporalis media.
18. Veine jugulaire externe. — Vena jugularis externa.
19. Veine jugulaire interne. — Vena jugularis communis.
20. Veine occipitale. — Vena occipitalis.
21. Veine jugulaire postérieure. — Vena cervicalis profundis.

B. COUPE LONGITUDINALE DU CŒUR.

1. Ventricule gauche avec les fibres musculaires internes. — Ventriculus sinister.
2. Valvule mitrale. — Valvula bicuspidalis.
3. Oreillette gauche. — Atrium sinistrum.
4. Auricule gauche. — Auricula sinistra.
5. Orifice des veines pulmonaires. — Venæ pulmonales.

C. COUPE TRANSVERSALE DU COEUR.

1. Ventricule gauche. — Ventriculus sinister.
2. Ventricule droit. — Ventriculus dexter.
3. Cloison interventriculaire. — Septum ventriculorum.
4. Paroi externe du ventricule droit.
5. Paroi externe du ventricule gauche.
6. Vaisseaux coronaires et tissu adipeux du sillon antérieur du cœur.
7. Vaisseaux coronaires et tissu adipeux du sillon postérieur.

D. VALVULES DE L'AORTE ET VALVULE MITRALE DU VENTRICULE GAUCHE.

1. Cloison entre le ventricule et l'oreillette gauches avec la valvule mitrale. — Ostium venosum.
2. Ventricule gauche.
3. Aorte.
4. Artère coronaire du cœur. — Arteria coronaria cordis.
5. Valvules semi-lunaires, formées par trois poches membraneuses, chacune pourvue d'un nodule cartilagineux.— Valvulæ semilunares.

E. VEINE, CÔTÉ INTERNE.

1. Direction du sang.
2. Valvule empêchant le retour du sang en arrière.

F. CORPUSCULES DU SANG (grossis).

1. Corpuscules du sang, ronds, traité par l'eau.
2. Corpuscules vus à plat.
3. Corpuscules vus de côté.
4-7. Sang coagulé.
4. Corpuscules de forme ordinaire.
5. Fibrine formant des fibres par la coagulation.
6. Corpuscules desséchés.
7. Corpuscules réunis en pile.

PLANCHE XI.

A. VISCÈRES DE LA POITRINE D'UN ENFANT.

1. Cartilage thyroïde. — Cartilago thyreoidea.
2. Cartilage cricoïde. — Cartilago cricoidea.
3. Glande thyroïde. — Glandula thyreoidea.
4. Trachée-artère. — Trachea.
5. Thymus; existant seulement chez les enfants jusqu'à l'âge de deux ans, plus tard atrophiée. — Glandula Thymus.
6. Bronches. — Bronchi.
7. Lobe supérieur du poumon droit.
8. Lobe moyen.
9. Lobe inférieur.
10. Lobe supérieur du poumon gauche.
11. Lobe inférieur.
12. Ventricule droit du cœur. — Ventriculus dexter.
13. Ventricule gauche. — Ventriculus sinister.
14. Oreillette droite. — Atrium dextrum.
15. Oreillette gauche. — Atrium sinistrum.
16. Veine cave supérieure. — Vena cava superior.
17. Veine cave inférieure. — Vena cava inferior.
18. Artère pulmonaire. — Arteria pulmonalis.
19. Veines pulmonaires. — Venæ pulmonales.
20. Aorta.
21. Branches de la veine cave supérieure.
22. Diaphragme. — Diaphragma.
23. Canal thoracique. — Ductus thoracicus.
24. Vaisseaux lymphatiques. — Vasa lymphatica.

B. COUPE TRANSVERSALE A TRAVERS LA POITRINE AU-DESSUS DU DIAPHRAGME.

1. Poumon droit. — Pulmo dexter.
2. Poumon gauche. — Pulmo sinister.
3. Diaphragme. — Diaphragma.
4. Pointe du cœur.
5. Péricarde. — Pericardium.
6. Veine cave inférieure.
7. Aorte.
8. Œsophage. — Œsophagus.
9. Nerf pneumogastrique. — Nervus vagus.
10. Canal thoracique. — Ductus thoracicus.
11. Grand sympathique. — Nervus sympathicus.
12. Neuvième vertèbre dorsale et ses deux côtes.
13. Huitième côte et apophyse épineuse de la huitième vertèbre.
14. Septième côte.
15. Sixième côte.
16. Cinquième côte.
17. Muscle grand dorsal.
18. Grand dentelé.
19. Trapèze.
20. Pectoral.

C. COUPE TRANSVERSALE DE L'ABDOMEN SOUS LE DIAPHRAGME.

1. Foie. — Hepar.
2. Veine porte. — Vena portæ.
3. Veine cave inférieure.
4. Aorte.
5. Canal thoracique.
6. Estomac. — Stomachus seu ventriculus.
7. Rate. — Lien seu splen.
8. Glande surrénale. — Glandula suprarenalis.
9. Grand sympathique. — Nervus sympathicus.
10. Diaphragme.
11. Onzième vertèbre dorsale et ses côtes.
12. Dixième côte et apophyse épineuse de la dixième vertèbre.
13. Neuvième côte.
14. Huitième côte.
15. Septième côte.
16. Sixième côte.
17. Muscle dentelé.
18. Grand dorsal
19. Muscles de l'abdomen.

PLANCHES XII, XIII.

A. BRONCHES ET VAISSEAUX DES POUMONS (Schéma).

1. Larynx.
2. Trachée. — Trachea.
3. Bronches et leurs ramifications dans le poumon droit.
4. Veine cave supérieure.
5. Veine cave inférieure.
6. Oreillette droite du cœur.
7. Ventricule droit.
8. Artères du poumon gauche.
9. Veines du poumon gauche.
10. Auricule gauche.
11. Ventricule gauche.
12. Aorte.
13. Artère sous-clavière droite. — Arteria subclavia dextra, se réunissant à la carotide pour former l'anonyme.
14. Carotide droite. — Carotis dextra.
15. Carotide gauche. — Carotis sinistra.
16. Artère sous-clavière gauche. — Arteria subclavia sinistra.
17. Foie. — Hepar.
18. Estomac. — Stomachus.
19. Péritoine. — Peritoneum.
20. Diaphragme. — Diaphragma.
21-27. Côtes vraies.
28-29. Deux fausses côtes.
30. Cartilages des côtes vraies.
31. Cartilages des fausses côtes.
32. Partie de la plèvre costale.

B. DERNIÈRES RAMIFICATIONS DES BRONCHES AVEC LES VÉSICULES PULMONAIRES (grossissement considérable).

1. Bronches.
2. Vésicules pulmonaires.

C. VÉSICULES PULMONAIRES AVEC LE RÉSEAU VASCULAIRE.

1. Vaisseau sanguin.
2. Ses ramifications.
3. Vésicules pulmonaires coupées transversalement.

D. UNE VÉSICULE AVEC SON RÉSEAU VASCULAIRE (grossissement très-considérable).

1. Cloison entre les vésicules.
2. Vaisseaux capillaires.
3. Capillaires dans lesquels a lieu la substitution de l'acide carbonique par l'oxygène.
4. Noyaux cellulaires du tissu fondamental.

PLANCHES XIV, XV.

A. VISCÈRES ABDOMINAUX

1. Diaphragme. — Diaphragma.
2. Œsophage. — Œsophagus.
3. Estomac. — Stomachus.
   a. Cardia.
   b. Fundus ventriculi.
   c. Pylore. — Pylorus.
4. Duodénum.
   d. Orifice des conduits biliaires et pancréatiques.
5. Intestin grêle. — Intestinum tenue.

e. Intestinum jejunum.
f. Intestinum ileum.
6. Gros intestin. — Intestinum crassum.
g. Cæcum.
h. Appendice vermiforme. — Processus vermiformis.
i. Côlon ascendant. — Colon ascendens.
k. Côlon transverse. — Colon transversum.
l. Côlon descendant. — Colon descendens.
m. S. romain. — S. romanum.
n. Rectum.
7. Rate. — Lien.
8. Foie. — Hepar.
o. Lobe droit. ⎫
p. Lobe carré. ⎬ Face inférieure
q. Lobe gauche. ⎪
r. Lobe de Spiegel. ⎭
s. Face supérieure du foie.
t. u. Ligaments.
v. Vésicule biliaire. — Cystis.
w. Canal cholédoque. — Ductus choledocus.
9. Pancreas.
10. Rein droit. — Ren dexter.
11. Rein gauche. — Ren sinister.

B. FAISCEAUX MUSCULAIRES DE LA SURFACE EXTÉRIEURE DE L'ESTOMAC.

1. Œsophage.
2. Cardia.
3. Grand cul-de-sac.
4. Fundus cæcus ventriculi.
5. Petite courbure.
6. Grande courbure.
7. Pylore.
8. Duodénum.

C. ESTOMAC ET DUODÉNUM DIVISÉS PAR LA LIGNE MÉDIANE.

1. Cardia.
2. Pylore.
3. Plis de la muqueuse.
4. Ligament phrénico-gastrique. — Ligamentum phrenico-gastricum.
5. Ligament gastro-splénique. — Ligamentum gastro-lienale.
6. Grand épiploon. — Omentum majus.
7. Epiploon gastro-hépatique. — Omentum minus.
8. Duodénum avec les plis transversaux ou valvules conniventes de la muqueuse.
9. Canal cholédoque.
10. Conduit pancréatique.

D. EMBOUCHURE DE L'INTESTIN GRÊLE DANS LE COLON (Valvula Bauhini).

1. Intestin grêle.
2. Cæcum.
3. Appendice vermiculaire.
4. Côlon ascendant.

PLANCHE XVI.

A. COUPE DE LA PAROI STOMACALE.

1. Fibres longitudinales des muscles de l'estomac.
2. Fibres transversales.
3. Coupe des glandes à suc gastrique.
4. Coupe des glandes à suc gastrique avec des cellules à pepsine.
5. Glandes stomacales vues extérieurement.
6. Orifice des glandes sur la surface de l'estomac dépouillée de la muqueuse.

B. COUPE SUPERFICIELLE DE LA MUQUEUSE DE L'ESTOMAC DANS LE VOISINAGE DU PYLORE (grossissement 300/1).

1. Orifice des glandes mucipares limité par un épithélium cylindrique.
2. Tissu de la muqueuse.

C. SURFACE INTERNE DE L'INTESTIN GRÊLE (grossissement 10/1).

1. Villosités intestinales. — Villi intestinales.
2. Follicules clos, analogues à des ganglions lymphatiques, isolés. — Follicules solitaires, agglomérés. — Plaques de Payer.
3. Glandes de Lieberkühn.

D. COUPE DE L'INTESTIN GRÊLE (schéma).

1. Enveloppe péritonéale.
2. Couche musculaire longitudinale externe.
3. Couche circulaire externe.
4. Couche musculaire longitudinale interne.
5. Couche circulaire interne.
6. Tissu de la muqueuse.
7. Villosités recouvertes d'épithélium.
8. Vaisseaux se ramifiant dans les villosités.
9. Réseau lymphatique de la muqueuse.
10. Vaisseau lymphatique (vaisseau chylifère) d'une villosité.
11. Nerfs.
12. Glandes de Luberkühn.
13. Un follicule.
14. Conduit lymphatique.

E. PANCRÉAS ET DUODÉNUM.

1. Corps du pancréas.
2. Tête du pancréas.
3. Canal pancréatique ou de Wirsung.
4. Canal de Santorini (rarement développé).
5. Embouchure du canal pancréatique.
6. Embouchure du canal cholédoque.
7. Plis longitudinaux du duodénum.
8. Plis transversaux.

F. VAISSEAUX DU FOIE.

1. Ramifications de la veine porte.
2. Ramifications de la veine hépatique.

PLANCHE XVII.

A. REIN DROIT ET GLANDE SURRÉNALE.

XII. Deuxième vertèbre dorsale avec la dernière côte.
I, II, III. Vertèbres lombaires.
1. Rein, bord externe.
2. Capsule fibreuse du rein. — Capsula fibrosa.
3. Capsule adipeuse du rein. — Capsula adiposa.
4. Glande surrénale. — Glandula suprarenalis.
5. Uretère. — Ureter.
6. Aorte abdominale. — Aorta descendens abdominalis.
7. Artères rénales. — Arteriæ renales.
8. Artères surrénales. — Arteriæ suprarenales.
9. Veine cave inférieure. — Vena cava inferior.
10. Veines rénales. — Venæ renales.
11. Veines surrénales. — Venæ suprarenales.

B. REIN GAUCHE (coupe longitudinale).

12. Calices. — Calices renales.
13. Papilles rénales avec les orifices des canaux excréteurs. — Papillæ renales cum cibrum benedictum.
14. Pyramides de Malpighi (dans la substance médullaire). Canaux excréteurs droits.
15. Couche limitante avec les anses de Henle.
16. Couche corticale avec les corpuscules de Malpighi, et l'origine des canaux excréteurs.
17. Bassinet. — Pelvis renalis.

C. STRUCTURE DU REIN SIMPLIFIÉE.

1. Branches de l'artère rénale.
2. Corpuscules. — Glomeruli renales.
3. Branches de la veine rénale.
4. Origine des canaux urinifères. — Tubelli urinifera.
5. Partie descendante de l'anse de Henle.
6. Partie ascendante.
7. Canaux droits descendants (formant les pyramides) avec leurs orifices au sommet des papilles.
8. Capsule rénale.

D. CORPUSCULES DE MALPIGHI (considérablement grossis).

1. Artère rénale.
2. Corpuscules, comprenant un réseau de capillaires.
3. Veine rénale.
4. Origine des canaux urinifères, tapissés extérieurement de cellules, ainsi que les glomérules.

E. GLANDE PAROTIDE (coupée), ET LES VÉSICULES GLANDULAIRES (grossies).

1. Parotide. — Glandula parotis.
2. Parotis accessoria (existant seulement quelquefois).
3. Conduit glandulaire. Canal de Stenon. — Ductus stenonianus.
4. Orifice du même au côté interne du muscle buccinateur.
5. Vésicules glandulaires.
6. Masséter.
7. Buccinateur.
8. Sterno-mastoïdien.
9. Trapèze.
10. Nerf facial avec quelques ramifications.

PLANCHE XVIII.

A. COUPE VERTICALE DE LA TÊTE ET DU COU.

a. g. Vertèbres cervicales.

Cerveau :

1. Lobe frontal.
2. Lobe pariétal.
3. Lobe occipital.
4. Corps calleux. — Corpus callosum.
5. Troisième ventricule. — Ventriculus tertius.
6. Voûte à trois piliers. — Fornix tricuspidalis.
7. Corps pituitaire. — Hypophysis.
8. Tubercules mamillaires. — Globuli medullares.
9. Aqueduc de Silvius. — Aqueductus Sylvii.
10. Pédoncules de la glande pinéale. — Pedunculi conarii.
11. Pont de Varole. — Pons Varoli.
12. Moelle allongée. — Medulla oblongata.
3. Arbre de vie. — Arbor vitæ.
14. Cervelet. — Cerebellum.
15. Canal médullaire.
16. Trous pour les nerfs spinaux.

Cavité nasale :

17. Os du nez. — Os nasale.
18. Cornet supérieur. — Concha superior.
19. Cornet moyen. — Concha media.
20. Cornet inférieur. — Concha inferior.

Cavité buccale :

21. Voûte palatine. — Palatum durum.
22. Voile du palais. — Palatum molle; avec la luette. — Uvula.
23. Mâchoire inférieure. — Maxilla inferior.
24. Septum medianum linguæ.
25. Muscles de la langue.
26. Muscle génio-glosse. — Musculus genio-glossus.
27. Génio-hyoïde. — Musculus geniohyoideus.
28. Os hyoïde.
29. Frein de la langue. — Frenulum linguæ.
30. Amygdale. — Tonsilla.

Pharynx et Larynx :

31. Ouverture postérieure des fosses nasales. — Choanæ.
32. Trompe d'Eustache. — Tuba Eustachii.
33. Épiglotte. — Epiglottis.
34. Glotte. — Rima glottidis.
35. Cartilage thyroïde. — Cartilago thyreoidea.
36. Cartilage aryténoïde. — Cartilago arytenoidea.
37. Cartilage cricoïde. — Cartilago cricoidea.
38. Trachée. — Trachea.
39. Glande thyroïde. — Glandula thyreoidea.
40. Pharynx.
41. Œsophage. — Œsophagus.
42. Sternum.

B. LARYNX VU DE FACE.

1. Corps de l'os hyoïde.
2. Grandes cornes.
3. Petites cornes.
4. Épiglotte. — Epiglottis.
5. Cartilage thyroïde. — Cartilago thyreoidea.
   a. Sa grande corne.
   b. Sa petite corne.
6. Cartilage cricoïde.
7. Cartilages de la trachée.

C. LARYNX VU DE CÔTÉ.

1. Moitié gauche du cartilage thyroïde.
   a. Corne.
   b. Face antérieure divisée par le milieu.
2. Cartilage cricoïde.
3. Cartilage aryténoïde droit.
4. Cartilage de Wrisberg.
5. Cartilage de Santorini, du côté droit.
6. Surface articulaire pour la corne inférieure du cartilage thyroïde.
7. Cartilages de la trachée.
8. Muscle crico-thyroïdien. Tenseur des cordes vocales. — Musculus crico-thyreoideus.
9. Muscle thyro-épiglottique. — Musculus thyreo-epiglotticus.
10. Muscle ary-épiglottique. — Musculus ary-epiglotticus.
11. Muscles aryténoïdiens transverses et obliques, rétrécissant la glotte. — Musculi arytenoidei transversi et obliqui.
12. Muscle crico-aryténoïdien postérieur, même fonction. — Musculus crico-arytenoideus posticus.
13. Muscle thyro-arytenoïdien. — Musculus thyreo-arytenoideus.
14. Muscle crico-aryténoïdien latéral. — Musculus crico-arytenoideus lateralis, (élargit la glotte).
15. Muqueuse de la trachée.
16. Œsophage, divisé derrière le cartilage cricoïde.
17. Épiglotte.

D. LARYNX A L'INTÉRIEUR, MOITIÉ ANTÉRIEURE.

1. Base de la langue.
2. Épiglotte.
3. Bourrelet de l'épiglotte.
4. Cordes vocales supérieures. — Ligamenta glottidis spuria.
5. Cordes vocales inférieures. — Ligamenta glottidis vera.
6. Partie inférieure du larynx.
7. Cartilage thyroïde.
   a. Moitié droite.
   b. Moitié gauche.
8. Cartilage cricoïde.
9. Cartilages de la trachée.
10. Muscle ary-épiglottique.
11. Muscles aryténoïdiens.
12. Os hyoïde.

E. LARYNX VU D'EN HAUT.

1. Paroi postérieure du pharynx.
2. Entrée de l'œsophage.

3. Ligaments ary-épiglottiques. — Ligamenta ary-epiglottica.
4. Cartilages de Wrisberg. — Cartilagines Wrisbergii.
5. Cartilages de Santorini. — Cartilagines Santorinianæ.
6. Glotte.
7. Fausses cordes. — Ligamenta glottidis spuria.
8. Cordes vocales. — Ligamenta glottidis vera.
9. Proéminence épiglottique.
10. Épiglotte.
11. Ligament glosso-épiglottique. — Ligamentum glosso-epiglotticum.
12. Base de la langue.

F. COUPE DE LA MUQUEUSE D'UNE CORDE VOCALE. (30/1.)

1. Surface recouverte d'épithélium pavimenteux.
2. Tissu fibreux de la muqueuse.

G. COUPE DE LA MUQUEUSE D'UNE FAUSSE CORDE.

1. Surface recouverte d'épithélium cylindrique à cils vibratiles.
2. Tissu fibreux de la muqueuse.

PLANCHES XIX, XX.

A. CERVEAU FACE INFÉRIEURE.
B. MOELLE ÉPINIÈRE.

1. Lobe droit antérieur du cerveau.
2. Lobe gauche antérieur du cerveau.
3. Lobe sphénoïdal droit.
4. Lobe sphénoïdal gauche.
5. Moitié droite du cervelet.
6. Moitié gauche du cervelet.
7. Corps pituitaires. — Hypophysis.
8. Tuber cinereum.
9. Tubercules mamillaires. — Globuli medullares.
10. Chiasma des nerfs optiques, à côté de la carotide interne.
11. Pont de Varole. — Pons Varoli.
12. Moelle allongée. — Medulla oblongata.
   a. Pyramides.
   b. Olives.
13. Artères vertébrales. — Arteriæ vertebrales. Entrant dè chaque côté dans six vertèbres cervicales, et s'unissant au bord postérieur du pont de Varole, pour former l'artère basiliaire.
14. Moelle épinière. — Medulla spinalis.
15. Dure-mère spinale. — 15 b. ouverte.
16. Arachnoïde. — Arachnoidea.
17. Pie-mère. — Pia mater.
18. Cauda equina.
19. Origine des nerfs du bras et de la main.
20. Origine des nerfs de la jambe et du pied.
21. Coupe transversale de la moelle épinière.
22. Coupe transversale de la moelle épinière entre la 5e et la 6e vertèbre cervicale.
23. Coupe transversale de la moelle épinière entre la 5e et la 6e vertèbre dorsale.
24. Coupe transversale de la moelle épinière entre la 3e et la 4e vertèbre lombaire.
25. Coupe de nerfs terminaux.

Nerfs crâniens :

I. Nerf olfactif. — Nervus olfactorius. — Renflement ; bulbe du nerf olfactif. — Bulbus olfactorius.
II. Nerf optique. — Nervus opticus.
III. Nerf oculo-moteur commun. — Nervus oculomotorius.
IV. Nerf pathétique. — Nervus trochlearis.
V. Nerf trijumeau. — Nervus trigeminus.
VI. Nerf oculo-moteur externe. — Nervus abducens.
VII. Nerf facial. — Nervus facialis.
VIII. Nerf auditif. — Nervus acusticus.
IX. Nerf glosso-pharyngien. — Nervus glosso-pharyngeus.
X. Nerf pneumogastrique. — Nervus vagus.
XI. Nerf spinal ou nerf accessoire de Willis. — Nervus recurrens seu accessorius.
XII. Nerf grand hypoglosse. — Nervus hypoglossus.

Nerfs rachidiens :

I à VIII. Huit nerfs cervicaux. — Nervi cervicales.
IX à XX. Douze nerfs thoraciques. — Nervi dorsales.
XXI à XXV. Cinq nerfs lombaires. — Nervi lumbales.
XXVI à XXXI. Nerfs sacrés. — Nervi sacrales.

C. BASE DU CRANE AVEC LES NERFS CRANIENS ET UN PLEXUS VEINEUX.

1. Fosse crânienne antérieure (pour le lobe frontal).
2. Fosse moyenne (pour le lobe temporal et le lobe occipital).
3. Fosse crânienne postérieure (pour le cervelet).
4. Sinus.
5. Carotide interne.

I. Nerf olfactif.
II. Nerf optique.
III. Nerf oculo-moteur commun.
IV. Nerf pathétique.
V. Nerf trijumeau.
VI. Nerf oculo-moteur externe.
VII. Nerf facial.
VIII. Nerf auditif.
IX. Nerf glosso-pharyngien.
X. Nerf pneumogastrique.
XI. Nerf spinal.
XII. Nerf grand hypoglosse.
XIII. Moelle épinière.

D. FIBRES NERVEUSES (grossies).

1. Coupe de la substance blanche du cerveau, grossie. Fibres nerveuses divisées transversalement.
2. Fibres nerveuses avec des stries de formes diverses.

E. CAVITÉ NASALE DROITE. DIVISIONS DU NERF OLFACTIF.

1. Méat supérieur. Entre le cornet supérieur et le cornet inférieur de l'ethmoïde.
2. Méat moyen. Entre le cornet inférieur de l'ethmoïde et le cornet inférieur du nez.
3. Méat inférieur. Entre le cornet inférieur et le plancher des fosses nasales.
4. Entrée du sinus maxillaire. — Antrum Highmori.
5. Lobe frontal du cerveau.
6. Corps calleux. — Corpus callosum.
7. Bulbe olfactif (Bulbus olfactorius) se divisant en fibres qui gagnent les fosses nasales, en passant par la lame criblée.
8. Ramifications du nerf olfactif dans la muqueuse des fosses nasales.
9. Ganglion de Mockel réuni par des filets nerveux à la 2e branche du nerf trijumeau et au nerf sympathique.
10. Nerf pharyngien.
11. Nerf sphéno-palatin.
12. Nerf palatin postérieur.
13. Nerf palatin antérieur.
14. Nerf naso-palatin.
15. Nerf nasal externe. (Voir planche XXIV, C, 1, 4, 5.)
16. Sinus frontaux.
17. Cellules ethmoïdales.

F. CARTILAGES DU NEZ DU COTÉ DROIT.

1. Os nasal.
1. Os frontal.
3. Cloison cartilagineuse des fosses nasales. — Septum cartilagineum.
4. Cartilages triangulaires latéraux. — Cartilagines triangulares.
5. Cartilages des ailes du nez. — Cartilagines alares.
6. Cartilages sésamoïdes.

7. Aile du nez. — Integumentum.
8. Canal nasal. — Ductus naso-lacrymalis.

G. CARTILAGES DU NEZ (de face).

1. Os nasaux.
2. Os frontal.
3. Cloison nasale cartilagineuse.
4. Cartilages triangulaires.
5. Cartilages des ailes.
6. Cartilages sésamoïdes.
7. Os maxillaire supérieur.

H. FOSSES NASALES. (Coupe transversale.)

1. Cornet ethmoïdal supérieur.
2. Cornet ethmoïdal inférieur.
3. Cornet nasal inférieur.
4. Cellules ethmoïdales.
5. Sinus maxillaires.
6. Méat supérieur.
7. Méat moyen.
8. Méat inférieur.
9. Cloison des fosses nasales.
10. Lame criblée de l'ethmoïde.
11. Voûte palatine.
12. Voile du palais.

PLANCHE XXI.

A. LANGUE (LINGUA), FACE SUPÉRIEURE.

1. Grandes cornes de l'os hyoïde.
2. Epiglotte.
3. Base de la langue.
4. Saillies lenticulaires. — Glandulæ lenticulares.
5. Foramen cœcum.
6. Papilles caliciformes. — Papillæ circumvallatæ.
7. Papilles filiformes. — Papillæ filiformes.
8. Papilles fungiformes. — Papillæ fungiformes.
9. Muscle glosso-palatin. — Musculus glosso-palatinus.
10. Nerf glosso-pharyngien. — Nervus glosso-pharyngeus.

B. LANGUE, FACE INFÉRIEURE.

1. Os hyoïde.
2. Muscle hyo-glosse. — Musculus hyo-glossus. Abaisseur de la langue.
3. Muscle génio-glosse. — Musculus genio-glossus.
4. Muscle stylo-glosse. — Musculus stylo-glossus.
5. Muscle hyo-thyroïdien. — Musculus hyo-thyreoïdeus.
6. Glande submaxillaire. — Glandula submaxillaris.
7. Glande sublinguale. — Glandula sublingualis.
8. Canal de Warthon. — Ductus Warthoniani.
9. Caruncule sublinguale. — Caruncul is sublingualis.
10. Glande de Blandin. — Glandula Blandini.
11. Artère linguale.
12. Nerf hypoglosse (moteur).
13. Nerf lingual. Troisième branche du trijumeau (sensitif).
14. Nerf glosso-pharyngien, se divisant dans les papilles caliciformes (sensitif).
15. Frein de la langue. — Frenulum linguæ. — A droite et à gauche, bord muqueux.

C. COUPE LONGITUDINALE A TRAVERS LES PAPILLES DE LA LANGUE (Schéma).

1. Papilles fungiformes.
2. Papilles filiformes.
3. Une papille caliciforme.
4. Papilles affectées au sens du tact.
5. Glandes linguales.
6. Papille caliciforme (affectée au sens du goût) ; organes du goût.
7. Nerf glosso-pharyngien.
8. Filets de la troisième branche du trijumeau.

D. ORGANES ET CELLULES DU GOUT (très-grossies).

1. Un organe du goût dans la paroi d'une papille caliciforme, fermé au sommet.
2. Organe du goût ouvert, à l'intérieur garni de cellules.

3-9. Différentes formes de cellules.

E. PEAU, COUPE PERPENDICULAIRE (Schéma).

1. Épiderme. — Epidermis.
2. Couche muqueuse de Malpighi. — Rete Malpighi.
3. Papilles avec anses vasculaires.
4. Papilles avec corpuscules du tact.
5. Fibre nerveuse.
6. Glande sudoripare. — Glandula sudorifera.
7. Conduit excréteur.
8. Glande sébacée. — Glandula sebacea.
9. Son conduit excréteur.
10. Muscle de l'horripilation. — Musculus arrector pili (Muscles lisses).
11. Faisceaux longitudinaux de tissu conjonctif.
12. Faisceaux transverses.
13. Follicule pileuse.
14. Couche épidermique externe.
15. Couche épidermique interne.
16. Substance corticale.
17. Substance médullaire.
18. Bulbe pileux.
19. Papille vasculaire.

3-19. Derme.

20. Tige du cheveu.
21. Cellules adipeuses du derme.
22. Artères.
23. Veines.

F. CORPUSCULES DU TACT (très-grossis).

1. Epiderme avec cellules pigmentées.
2. Faisceaux du tissu conjonctif du derme.
3. Papilles.
4. Corpuscules du tact avec noyaux.
5. Fibres nerveuses entourant le corpuscule du tact.

G. CHEVEU SCHÉMATIQUE.

1. Follicule de la racine.
2. Gaîne de la racine.
3. Couche épidermique.
4. Substance corticale avec cellules pigmentées.
5. Substance médullaire.

H. COUPE D'UNE PHALANGE AVEC L'ONGLE (grossi).

1. Os.
2. Lit de l'ongle. Tissu fibreux avec des vaisseaux sanguins.
3. Ourlet.
4. Rainure unguéale.
5. Papilles du lit de l'ongle.
6. Couche de jeunes cellules muqueuses.
7. Liséré limitant.
8. Couche épidermique.

PLANCHE XXII.

A. COUPE FRONTALE AU MILIEU DE LA TÊTE. (Schéma).

a. Coupe verticale transversale du cerveau entre le tiers antérieur et le tiers moyen du corps calleux.

1. Lobe pariétal.
2. Lobe sphénoïdal.
3. Corps calleux.
4. Voûte à trois piliers. — Fornix tricuspidalis.
5. Corps strié. — Corpus striatum.
6. Couche optique. — Thalamus opticus.
7. Noyau lenticulaire. — Nucleus lentiformis.
8. Claustrum.
9. Scissure de Sylvius. — Fossa Sylvii.

10. Ventricules latéraux. — Ventriculi laterales.
11. Troisième ventricule. — Ventriculus tertius.
12. Corps pituitaire. — Hypophysis.

b. Oreille.

13. Pavillon de l'oreille. — Auricula.
14. Conduit auditif externe. — Meatus auditorius cartilagineus. Partie cartilagineuse pourvue de glandes cérumineuses et de poils.
15. Conduit auditif externe, partie osseuse.
16. Tympan. — Membrana tympani.
17. Osselets : marteau, enclume, étrier.
18. Caisse du tympan. — Cavum tympanii.
19. Limaçon. — Cochlea. } Labyrinthe.
20. Vestibule. — Vestibulum. } Labyrinthe.
21. Canaux semicirculaires. } Labyrinthe.
22. Nerf auditif.
23. Trompe d'Eustache. — Tuba Eustachii.

c. Cavité buccale.

24. Voile du palais.
25. Luette.
26. Piliers antérieurs du voile du palais circonscrivant l'isthme du gosier.
27. Amygdales.
28. Coupe transversale de la langue.
29. Glande parotide.
30. Glande submaxillaire.
31. Glande sublinguale.

B. OSSELETS DE L'OUÏE.

a. Marteau. — Malleus.

1. Tête.
2. Col.
3. Manche.
4. Apophyse grêle.
5. Apophyse externe.

b. Enclume. — Incus.

1. Corps.
2. Apophyse supérieure.
3. Apophyse inférieure.
4. Os lenticulaire.

c. Étrier. — Stapes.

1. Tête.
2. Branches.
3. Base.

C. LABYRINTHE OUVERT. (grossissement = 10).

1. Fenêtre ronde. — Fenestra rotunda.
2. Rampe tympanique. — Scala tympani.
3. Rampe vestibulaire. — Scala vestibuli.
4. Sommet du limaçon. — Cupula.
5. Vestibule. — Vestibulum.
6. Origine de la rampe vestibulaire (non loin de la fenêtre ovale). — Recessus hemisphericus.
7. Fossette ovoïde. — Recessus hemiellipticus.
8. Aqueduc du vestibule (traversé par une veine). — Aqueductus vestibuli.
9. Canal semi-circulaire supérieur. — Canalis semicircularis superior.
10. Canal semi-circulaire inférieur. — Canalis semicircularis inferior.
11. Canal semi-circulaire externe. — Canalis semicircularis externus.

D. LIMAÇON OUVERT (grossissement = 12).

1. Rampe tympanique ou inférieure. — Scala tympani.
2. Rampe moyenne. — Scala media.
3. Rampe vestibulaire ou supérieure. — Scala vestibuli.
4. Lame spirale osseuse. — Lamina spiralis ossea.
5. Membrane supportant l'organe de Corti. — Membrana basilare.
6. Membrane de Reissner. — Membrana Reissneri.
7. Nerf auditif. — Nervus cochleæ.
8. Cul-de-sac de la rampe tympanique. — Cupula.

E. ORGANE DE CORTI (Schéma).

1. Rampe tympanique. — Scala tympani.
2. Rampe moyenne. — Scala media.
3. Rampe vestibulaire. — Scala vestibuli.
4. Lame spirale osseuse. — Lamina ossea spiralis.
5. Membrane basilaire. — Membrana basilaris.
6. Membrane de Reissner. — Membrana Reissneri.
7. Nerf auditif. — Nervus cochleæ.
8. Zona denticulata.
9. Membrane de Corti.
10. Cellules basilaires.
11. Article interne de l'organe de Corti.
12. Article externe.
13. Cellules basilaires internes.
14. Membrane réticulaire. — Membrana reticulata.
15. Cellules ciliées de Corti ou supérieures.
16. Cellules de Deiters ou inférieures.
17. Cellules de Claudius.
18. Ligament spiral. — Ligamentum spirale.

PLANCHE XXIII.

A. LES YEUX VUS D'EN HAUT, AVEC LEURS MUSCLES ET LEURS ARTÈRES.

1. Chiasma.
2. Muscle droit supérieur. — Musculus rectus superior.
3. Muscle droit inférieur. — Musculus rectus inferior.
4. Muscle droit externe. — Musculus rectus externus.
5. Muscle droit interne. — Musculus rectus internus.
6. Muscle oblique supérieur. — Musculus obliquus superior, seu trochlearis.
7. Muscle oblique inférieur. — Musculus obliquus inferior.
8. Glandes lacrymales. — Glandulæ lacrymales.
9. Paupière, coupe transversale.
10. Paupière, face interne.
11. Artère ophthalmique. — Arteria ophthalmica.
12. Artère lacrymale. — Arteria lacrymalis.
13. Artère centrale de la rétine. — Arteria centralis retinæ.
14. Artères ciliaires. — Arteriæ ciliares.
15. Artère sus-orbitaire. — Arteria supra-orbitalis.
16. Artère frontale.
17. Artère ethmoïdale — Arteria ethmoïdalis (anterior et posterior).

B. COUPE HORIZONTALE DE L'ŒIL, MONTRANT A GAUCHE LES RAMIFICATIONS DES ARTÈRES ET DES VEINES, ET A DROITE L'ÉPAISSEUR DES MEMBRANES (Schéma).

1. Sclérotique. — Sclerotica.
2. Cornée. — Cornea.
3. Choroïde. — Chorioïdea.
4. Iris.
5. Rétine. — Retina.
6. Chambre antérieure. — Camera oculi anterior.
7. Chambre postérieure. — Camera oculi posterior.
8. Pupille. — Pupilla.
9. Cristallin. — Lens crystallinea.
10. Corps vitré. — Corpus vitreum.
11. Corps ciliaire. — Corpus ciliare.
12. Canal de Petit (entre 12 et 7, zone de Zinn). — Canalis Petiti.
13. Nerf optique. — Nervus opticus.
14. Tache jaune. — Macula lutea.
15. Gaîne du nerf optique. — Vagina interna et externa.
16. Capsule de Tenon. — Tunica vaginalis bulbi (seu fascia Tenoni).
17. Conjonctive. — Conjunctiva.
18. Membrane de Descemet. — Membrana Descemetii.
19. Canal de Schlemm. — Canalis Schlemmii.
20. Membrane capillaire, ou de Ruysch, de la choroïde. — Lamina Ruyschii.

21. Muscle droit externe. — [Musc]ulus rectus externus.

C. COUPE A TRAVERS LA PAPILLE DU NERF OPTIQUE (grossissement = 180).

1. Nerf optique. — Nervus opticus.
2. Artère centrale de la rétine. — Arteria centralis retinæ.
3. Colliculus nervi optici.
4. Gaîne du nerf optique. — Vagina nervi optici.
5. Sclérotique. — Sclerotica.
6. Choroïde. — Chorioïdea.
7. Rétine. — Retina.
   a. Couche des fibres du nerf optique.
   b. Couche ganglionnaire.
   c. Couche moléculaire interne.
   d. Couche granuleuse interne.
   e. Couche moléculaire externe.
   f. Couche granuleuse externe.
   g. Couche des bâtonnets et des cônes.

PLANCHE XXIV.

A. COUCHES DE LA RÉTINE (considérablement grossies).

1. Membrane limitante interne.
2. Couche des fibres du nerf optique.
3. Couche ganglionnaire.
4. Couche moléculaire interne.
5. Couche granuleuse interne.
6. Couche moléculaire externe.
7. Couche granuleuse externe.
8. Membrane limitante externe.
9. Couche des bâtonnets et des cônes.

B. COUPE HORIZONTALE DE LA LIMITE ENTRE LA CORNÉE ET LA SCLÉROTIQUE (grossissement = 400).

1. Chambre antérieure. — Camera oculi anterior.
2. Chambre postérieure. — Camera oculi posterior.
3. Cristallin. — Lens crystallina.
4. Corps vitré. — Corpus vitreum.
5. Procès ciliaires. — Corpus ciliare.
6. Muscle ciliaire. — Musculus ciliaris.
7. Canaux de Fontana. — Canales Fontanæ.
8. Canal de Schlemm. — Canalis Schlemmii.
9. Sclérotique.
10. Cornée transparente. — Cornea.
11. Iris.
12. Conjonctive. — Conjunctiva.
13. Epithelium.

C. LE NERF TRIJUMEAU ET SES RAMIFICATIONS LES PLUS IMPORTANTES.

I. Première branche (sensitive) :

1. Nerf frontal.
2. Nerf frontal interne.
3. Nerf lacrymal.
4. Rameau de l'angle externe de l'œil.
5. Nerf nasal.

II. Deuxième branche (sensitive):

6. Nerf temporo-malaire.
7. Nerf malaire.
8. Nerf sous-orbitaire.
9. Rameaux de l'aile du nez et de la lèvre supérieure.
10. Nerf dentaire supérieur antérieur.
11. Ganglion Bochdalekii.
12. Nerf dentaire supérieur postérieur.
13. Nerf propre de la dent de sagesse.
14. Ganglion de Meckel.

III. Troisième branche :

15. Groupes moteurs. Nerfs pour les muscles masticateurs, l'articulation maxillaire, les muscles temporaux, buccinateurs. Les suivants principalement sensitifs.
16. Nerf lingual.
17. Ganglion submaxillaire pour la glande sous-maxillaire.
18. Nerf maxillaire inférieur ; ramifications dans les dents de la mâchoire inférieure.
19. Nerf mentonnier.
20. Nerfs de la lèvre inférieure.
21. Nerf moteur oculaire externe, IVe paire.
22. Nerfs ciliaires.
23. Ganglion ciliaire.
24. Nerf optique, IIe paire.

D. APPAREIL DE PROTECTION DU GLOBE OCULAIRE (un peu grossi).

1. Paupière supérieure avec ses cils. — Palpebra superior cum cilia.
2. Paupière inférieure (la peau et le muscle enlevés) ; glandes de Meibomius et leurs orifices sur le bord palpébral.
3. Glandes lacrymales avec leurs dix canaux excréteurs.
4. Pli semi-lunaire. — Plica semilunaris.
5. Caruncule lacrymale. — Caruncula lacrymalis.
6-7. Canalicules lacrymaux et points lacrymaux. — Canaliculi lacrymales cum puncta lacrymalia.
8. Sac lacrymal. — Saccus lacrymalis.
9. Canal nasal. — Ductus naso-lacrymalis.

E. COUPE PERPENDICULAIRE A TRAVERS LA PAUPIÈRE SUPÉRIEURE (grossie).

1. Muscle releveur de la paupière supérieure. — Musculus levator palpebræ superioris.
2. Tissu adipeux déposé entre des fibres musculaires lisses.
3. Glandes de Meibomius. — Glandulæ Meibomianæ.
4. Conjonctive. — Conjunctiva palpebrarum.
5. Glandes sudoripares du derme. — Glandulæ sudoriferæ.
6. Cils (cilia) du derme.
7. Glandes sébacées du derme. — Glandulæ sebaceæ.

LE CORPS HUMAIN

LES OS

Plus de 200 os, grands et petits, réunis d'une façon mobile ou solide, forment le squelette de l'homme. La partie centrale de cet échafaudage est la *colonne vertébrale* à laquelle sont attachés les os du tronc, des bras et des jambes, et qui supporte en haut le *crâne*.

La colonne vertébrale est composée de vertèbres de formes différentes, dont la plupart présentent une ouverture pour la moelle épinière, et des apophyses plus ou moins longues auxquelles des muscles s'attachent. On nomme celles-ci *vraies vertèbres*; elles forment la partie supérieure, en même temps la plus considérable de la colonne vertébrale. La partie inférieure se termine par de *fausses vertèbres*, imparfaitement développées, au nombre de 4-5, dont la plus petite forme une pointe, et réunies en une pièce mobile, le *coccyx*.

La partie la plus massive est le *sacrum*, composé de cinq fausses vertèbres soudées ensemble, entre lesquelles il n'existe que huit petites ouvertures antérieures et postérieures, les *trous sacrés*, quatre de chaque côté. La face antérieure et la face postérieure du sacrum sont larges, les faces latérales sont plus étroites et s'articulent avec les surfaces correspondantes des os iliaques. Le sommet tronqué se réunit aux vertèbres rudimentaires du coccyx, la base ou face supérieure plus large supporte les vingt-quatre vraies vertèbres, réunies en une colonne mobile et flexueuse, la *colonne vertébrale*.

On trouve d'abord les cinq vertèbres lombaires les plus fortes et les plus volumineuses de toutes les vertèbres. Leurs apophyses transverses sont minces et aplaties latéralement, ainsi que les apophyses épineuses qui sont dirigées horizontalement; le trou rachidien est triangulaire. Ensuite viennent, de bas en haut, les douze vertèbres dorsales. Leurs faces supérieures et inférieures sont presque en forme de cœur; leurs apophyses épineuses sont longues et couchées les unes sur les autres comme les tuiles d'un toit; les apophyses transverses sont arrondies, un peu rejetées en arrière, et portent une facette articulaire pour les *côtes*.

On reconnait sept côtes vraies et cinq fausses; les premières se réunissent au sternum par leur extrémité antérieure cartilagineuse, tandis que les dernières en restent séparées. Les côtes entourent et protègent les viscères de l'ordre le plus élevé: les supérieures, les poumons et le cœur; les inférieures, l'estomac, le foie, la rate, en partie les reins.

La partie supérieure de la colonne vertébrale est formée par les sept vertèbres cervicales dont le corps est peu volumineux; leurs apophyses épineuses sont larges et courtes, un peu inclinées en bas et bifurquées; les apophyses transverses des six vertèbres cervicales supérieures sont percées de chaque côté d'un trou pour le passage de l'artère vertébrale. (Voir planches XIX; XX, fig. A, 13.) Quelques-unes des vertèbres cervicales ont reçu des noms particuliers; ainsi la première s'appelle l'*atlas*, parce qu'elle porte la tête; la deuxième *épistrophée* ou *rotateur* ou encore *axis* (axe); la septième s'appelle *proéminente*, à cause de son apophyse épineuse très-longue.

Les deux premières sont représentées sur la planche III; l'atlas, dans la figure F, est vue d'en haut et par derrière, l'axis par devant. L'apophyse odontoïde de cette dernière vertèbre s'adapte par sa surface articulaire à celle de l'arc antérieur de l'atlas, et ces deux vertèbres forment ensemble une articulation très-mobile, la partie la plus mobile de toute la colonne vertébrale. Les facettes articulaires supérieures de l'atlas reçoivent les condyles de l'occipital.

La partie antérieure de la cage osseuse formée par les côtes est fermée par le *sternum*. Cet os se compose de trois parties : l'extrémité inférieure terminée en pointe est nommée *appendice xiphoïde*; la partie moyenne, la plus longue, porte de chaque côté cinq échancrures semi-lunaires pour les côtes vraies 3-7; la partie supérieure porte deux échancrures pour les deux premières côtes et une plus grande pour la *clavicule*. Celle-ci est un os pair, légèrement courbé en forme d'S, réuni d'un côté au sternum et de l'autre à l'omoplate. Les *omoplates* sont des os plats de forme triangulaire, qui couvrent la partie postérieure du *thorax* de la 2ᵉ-7ᵉ côte. Leur face (dorsale) porte une apophyse volumineuse, l'épine de l'omoplate s'élevant du bord interne vers le bord externe de l'os où se trouve la cavité articulaire pour la tête de l'*humérus*. (A, 7; B, 17.)

Les os du bras se divisent en trois parties :

A, bras		1 os
B, avant-bras		2 —
C, main	*aa*, carpe	8 —
	bb, métacarpe	5 —
	cc, pouce	2 —
	dd, doigts chacun	3-12 —
	ee, os sésamoïdes, entre la première phalange du pouce et son métacarpien.	2 —
		32 os

L'os du bras, l'*humérus*, est long, volumineux, creusé dans le milieu. Son extrémité supérieure, nommée *tête*, se loge dans la cavité articulaire ou glénoïde de l'omoplate; son extrémité inférieure porte deux surfaces articulaires pour les os de l'avant-bras, également longs et creux.

Ceux-ci s'appellent le *cubitus* (côté du petit doigt) et le *radius* (côté du pouce). Ils s'articulent avec les os du *carpe* qui sont au nombre de 8, en deux séries. La première se compose du *scaphoïde* (côté du pouce) (9), du *semi-lunaire* (10), du *pyramidal* (11) et du *pisiforme* (12) (côté du petit doigt); la seconde se compose du *trapèze* (5, côté du pouce), du *trapézoïde* (6), du *grand os* (7), et de l'*os crochu* (8, côté du petit doigt). A ces derniers se réunissent les 5 métacarpiens, parmi lesquels celui correspondant au pouce est le plus court. Aux métacarpiens se joignent les *phalanges*, 3 pour chaque doigt, 2 seulement pour le pouce.

L'arrangement des os du membre inférieur est analogue à celui des os du bras et de la main. On les partage également en trois divisions :

A, cuisse		1 os
B, jambe		2 —
rotule		1 —
C, pied	*aa*, tarse	7 —
	bb, métatarse	5 —
	cc, gros orteil	2 —
	dd, orteils externes	12 —
	ee, os sésamoïdes, entre la première phalange du gros orteil et son métacarpien	2 —
		32 os

De même que la tête de l'humérus tourne dans la cavité glénoïde, ainsi se meut la tête du *fémur* dans la cavité cotyloïde. Les os du *bassin* supportent les intestinsdans leur concavité inférieure. Chaque os iliaque se compose de trois os intimement soudés; la partie supérieure évasée se nomme plus spécialement *os iliaque*; la partie antérieure s'appelle le *pubis*, et la partie inférieure l'*ischion*; la cavité cotyloïde se trouve au point où ces trois os se rencontrent à la surface externe du bassin.

Le *fémur* est très-volumineux; la coupe transversale est presque ronde; il est légèrement courbé et porte à son extrémité inférieure trois surfaces articulaires, deux pour les deux os de la jambe, et une antérieure pour la *rotule*.

La rotule est un os rond, plat, muni de surfaces articulaires pour le fémur et l'extrémité supérieure du *tibia*.

Le tibia se trouve à la partie antérieure et interne de la jambe. Sa forme est celle d'un prisme triangulaire; son extrémité inférieure forme en dedans une apophyse épaisse, la malléole interne; elle porte en arrière et en dehors une facette articulaire pour le *péroné*; en avant, une cavité articulaire pour l'*astragale*, un des os du pied. Le péroné est beaucoup plus grêle et légèrement courbé en arrière. Son extrémité supérieure s'articule avec le tibia, son extrémité inférieure s'allonge pour former la malléole externe; elle offre sur sa face interne une facette articulaire pour l'astragale. Les os du pied, vus du côté plantaire, et de grandeur naturelle, sont représentés sur la planche VI, figure C. Parmi les sept os du *tarse* (5 à 11), le *calcanéum* est le plus volumineux ; il est situé à la partie inférieure du pied, un peu dirigé en dehors au-dessous de l'astragale. Du côté interne, l'astragale s'articule avec lui et se joint, en avant, à l'os naviculaire ou scaphoïde. Les quatre os antérieurs du tarse forment une série irrégulière dirigée de dedans en dehors. Le premier cunéiforme (7), le second cunéiforme (6), le troisième cunéiforme (5), et le cuboïde (8). Les os du métatarse (4), de même que les phalanges, sont arrangés en général de la même manière que les os de la main. Les os sésamoïdes du gros orteil sont un peu plus volumineux que ceux du pouce.

Le crâne se compose, sans compter les dents, de 23 os pairs et impairs.

On les divise en deux parties : ceux qui entourent le cerveau, et ceux qui concourent à former la face et la charpente solide de la cavité buccale. Les os du crâne, dans le sens étroit du mot, sont un *occipital* (planche III, fig. B, 8 et 9), un *sphénoïde* dont les deux ailes latérales sont visibles en **A**, 3; **B**, 4, deux *pariétaux* (**A**, 2), deux *temporaux*, un *frontal*, un *ethmoïde* (non visible à l'extérieur placé derrière les os du nez (**A**, 6, comparez planches XIX; XX, **E**, entre 7 et 8). L'occipital est muni d'une large ouverture, le trou occipital (B, 10), à travers laquelle passe la moelle allongée. La partie postérieure et interne porte deux crêtes proéminentes, l'une transversale et l'autre longitudinale, qui limitent quatre fosses peu profondes : deux inférieures pour le cervelet, et deux supérieures pour les lobes postérieurs du cerveau (voyez planche XVIII, A, 3); aux crêtes extérieures de l'os s'attachent des muscles et des ligaments. De chaque côté du trou occipital se trouvent les condyles servant à l'articulation avec les masses latérales de l'atlas (F, 5). L'occipital s'unit en dehors de l'os d'une manière fixe avec le sphénoïde, les 2 pariétaux et les 2 temporaux.

Le corps du *sphénoïde* se place directement en avant de la partie basilaire de l'occipital; ses grandes ailes s'étendent à droite et à gauche et concourent à former la paroi extérieure du crâne (A, 3 ; B, 4). Sa partie moyenne offre une excavation profonde, la selle turcique ou fosse pituitaire pour la glande du même nom (comparez planches XIX; XX, A, 7); en avant se trouve, de chaque côté, le *trou optique* servant au passage du nerf optique. Les grandes ailes présentent plusieurs orifices pour le passage de nerfs ou de vaisseaux, par exemple : le trou grand rond, pour la 2e branche de la Ve paire crânienne (comparez planche XXIV, C, II) et le trou ovale pour sa 3e branche (voyez la même C, III).

Le sphénoïde s'articule avec l'occipital, l'ethmoïde, le frontal, les deux pariétaux et les deux temporaux, c'est-à-dire avec tous les os du crâne proprement dits, et de plus, avec le vomer, les palatins, les os malaires.

Le *frontal* forme la paroi antérieure du crâne, la partie supérieure de la cavité orbitaire, et la racine du nez; il s'articule avec l'ethmoïde, le sphénoïde ainsi qu'avec les os pairs : le *nasal*, le *lacrymal*, le *malaire*, le *maxillaire* supérieur et le *pariétal*.

L'ethmoïde forme une partie des parois orbitaires et de la cloison des fosses nasales; son prolongement supérieur a été nommé apophyse *crista galli*; de chaque côté s'étend la lame criblée, percée de nombreuses ouvertures pour le passage des fibres du nerf olfactif (comparez planches XIX; XX, E, entre 7 et 8).

La lame perpendiculaire forme la partie supérieure de la cloison des fosses navales; elle porte à droite et à gauche les masses latérales ou *labyrinthe*, qui comprend les cellules ethmoïdales, la lame papyracée, les cornets du nez. L'ethmoïde s'articule avec le vomer (impair), l'os nasal, le palatin, le lacrymal, le maxillaire supérieur (pairs), le frontal et le sphénoïde.

Les *deux temporaux* (A, 4 ; B, 6) forment la paroi latérale moyenne du crâne. Chacun se compose de 3 parties : l'*écaille*, le *rocher* et la *partie mastoïdienne*. L'écaille du temporal porte à sa surface externe l'*apophyse zygomatique*, dirigée horizontalement; à la base de celle-ci se trouve la *facette articulaire* pour le condyle de la mâchoire inférieure. La partie la plus importante du temporal est le rocher ou pyramide, située dans l'intérieur de la cavité crânienne; elle contient le conduit auditif externe, l'interne avec les osselets de l'oreille, et l'organe auditif essentiel, le labyrinthe. La face inférieure porte l'apophyse styloïde, allongée, saillante. Le temporal s'articule avec le pariétal, le sphénoïde, l'occipital, l'os malaire, et se joint au maxillaire inférieur par une articulation véritable.

Les *pariétaux* (A, 2 ; B, 14) composent la partie supérieure de la voûte crânienne ; ils sont de forme quadrangulaire, et convexes en dehors. Ils sont joints ensemble par la suture sagittale et se réunissent par la suture coronaire avec le frontal, par la suture temporale avec l'écaille du temporal, par la suture lambdoïdienne avec l'occipital.

Les sutures dentelées, dont il vient d'être question, et par lesquelles les os du crâne sont réunis, ne sont développées ainsi que chez l'adulte. Chez les nouveau-nés existent entre eux des espaces membraneux nommés *fontanelles*, qui s'ossifient pendant les deux premières années. La planche V, figure C, représente le crâne grossi d'un très-jeune enfant ; les os externes sont très-faciles à reconnaître, et l'on voit aussi que le frontal se compose originairement de deux parties distinctes. Entre le frontal et les deux pariétaux se trouve la fontanelle frontale ou *grande fontanelle*, qui existe encore dans la deuxième année de la vie, tandis que les autres, la fontanelle occipitale (2), les fontanelles temporales (4), et les fontanelles sphénoïdales (3) se ferment beaucoup plus tôt.

Les parties de la mâchoire supérieure qui portent les dents incisives sont séparées originairement et forment les os intermaxillaires, qui restent isolés toute la vie chez certains animaux. Leur soudure incomplète chez l'homme donne lieu à la difformité de la lèvre supérieure que l'on nomme *bec de lièvre*.

Les maxillaires supérieurs (A, 8 ; B, 1, 2) forment les parties latérales de la face ; leur corps est creux (sinus maxillaires) et présente quatre faces : une face antérieure, une face orbitaire, une face nasale, une face postérieure, et se prolonge en quatre apophyses : apophyse *palatine*, apophyse *alvéolaire*, apophyse *zygomatique*, apophyse *frontale* ou montante. Les maxillaires supérieurs ne s'unissent que dans leur portion palatine (en bas et en avant) ; ils forment en haut la crête nasale et l'épine nasale, en bas la suture palatine ; le cornet inférieur est fixé à leur paroi interne, le vomer s'articule avec la crête nasale, le palatin avec le bord postérieur de l'apophyse palatine, l'os lacrymal avec l'apophyse montante.

Les os *malaires* (A, 5 ; B, 13) forment le bord inférieur de la cavité orbitaire ; ils s'articulent en avant avec le maxillaire supérieur, en arrière avec l'apophyse zygomatique du temporal, en haut avec le frontal, en dedans avec les grandes ailes du sphénoïde.

La *mâchoire inférieure* se compose d'une partie horizontale convexe, le *corps*, qui porte seize alvéoles dentaires, et de deux branches montantes. Chaque branche se divise en deux apophyses : une antérieure, l'apophyse *coronoïde*, à laquelle s'attache le tendon du muscle temporal, et l'autre postérieure, le *condyle*, qui s'articule avec le temporal.

L'*os hyoïde* (pl. V, A) se rattache aux os de la tête, mais n'est uni à aucun d'eux directement. Il rappelle la mâchoire inférieure par sa forme ; il se compose d'un corps (A, 1 ; B, 1), de deux grandes cornes (A, 2 ; B, 2), et de deux petites (A, 3) ; les premières reposent par leur tubercule terminal sur les cornes supérieures du cartilage thyroïde et leur sont unies par une articulation mobile. L'os hyoïde se joint par des muscles à la mâchoire inférieure, au sternum et à l'apophyse styloïde.

Les *dents* (pl. III, C) sont implantées dans les alvéoles au bord des mâchoires. Les figures 1-9 montrent les dents de la moitié droite de la mâchoire inférieure du côté interne, grandies. Les *incisives* (1, 2) ont une couronne en forme de ciseau, la dent *canine* est pointue ; leurs racines sont simples. Les petites *molaires* ont chez les adultes une racine double, les grosses molaires une racine triple. La *dent de sagesse* se développe tard (entre la dix-huitième et la trentième année), elle a toujours une racine triple. Les couronnes des molaires offrent une surface inégale propre à la mastication. La figure D montre la coupe longitudinale d'une dent très-grossie. La couronne est recouverte d'une couche d'émail formée de substance osseuse, mais contenant 90 pour 100 de phosphate de chaux (l'ivoire de la dent n'en contient qu'environ 70 pour 100) ce qui lui donne sa dureté. Le centre de la dent est creux, occupé par une masse molle, la *pulpe dentaire*, traversée par des vaisseaux et des nerfs nombreux qui se distribuent dans sa substance.

Les dents se développent peu à peu par la croissance des germes dentaires, qui forment ordinairement trois couches superposées dans chaque mâchoire. Les incisives de la mâchoire inférieure sortent les premières, six mois environ après la naissance ; dans la seconde année se montrent les canines, dans la troisième les molaires, en tout vingt dents, désignées habituellement sous le nom de dents de lait.

Sur la planche V, fig. D, est représenté le crâne d'un enfant de sept ans ; la paroi antérieure des mâchoires est enlevée, afin de montrer les dents déjà développées et les germes dentaires au-dessous d'elles ; 1 montre la mâchoire inférieure. Les dents de lait sont remplacées par les dents plus fortes, et destinées à durer toute la vie, à partir de la quatrième ou cinquième année ; les grosses molaires se développent seulement alors, et les dents de sagesse vers la vingtième année.

La figure D, 2 représente la mâchoire supérieure, avec les dents définitives ; 3 des germes dentaires qui peuvent se développer quelquefois chez les jeunes gens, mais s'atrophient généralement chez les personnes plus âgées.

Le crâne montre des différences assez considérables chez les diverses races humaines. Le crâne d'un Nègre et celui d'un Mongol sont représentés vus de face et de côté sur la planche IV. Le crâne du Mongol (IV, A, B) est remarquable par la largeur des apophyses zygomatiques, celui du Nègre par la position oblique des dents.

Sur la planche V, fig. E, on a représenté le squelette du gorille, afin qu'il pût être comparé à celui de l'homme. Les différences sont très-frappantes ; les os du bras sont beaucoup plus longs et plus massifs, le thorax plus large, les clavicules plus volumineuses ; les dents fortes, analogues à celles d'un carnassier, donnent à la face un caractère animal. Le squelette humain se distingue par la noblesse et l'harmonie des formes ; chez le singe, tout est disgracieux et bestial.

Le squelette est formé primitivement de cartilages qui sont remplacés peu à peu par du tissu osseux dans lequel les vaisseaux sanguins déposent le carbonate de chaux, le carbonate de magnésie, et surtout le phosphate de chaux, introduits dans l'organisme avec les substances alimentaires.

La planche III, fig. E, montre la coupe transversale d'un os, considérablement grossie ; les couches de la substance fondamentale sont visibles ainsi que les cellules osseuses dont les prolongements, en forme de canaux, s'étendent dans toutes les directions. Certains cartilages, tels que ceux du nez, de l'oreille, du larynx, les cartilages intervertébraux, ne s'ossifient jamais; ils sont enveloppés d'une gaîne fibreuse, le *périchondre*, de même que les os sont enveloppés par le *périoste* dont les vaisseaux contribuent à leur nutrition.

LES LIGAMENTS.

Le point de réunion de deux os se nomme *articulation;* l'une des surfaces en contact offre ordinairement une cavité, et l'autre une tête arrondie, mobile dans cette dernière; ces surfaces articulaires sont recouvertes d'une mince couche de cartilage et enduites d'un liquide légèrement gluant, la *synovie*, qui les rend glissantes et adoucit le frottement.

L'articulation est recouverte en dehors d'un appareil fibreux destiné à contenir la synovie et à fixer solidement les extrémités osseuses; il se compose de la *capsule* et des *ligaments* articulaires.

On a représenté sur la planche VI quelques articulations pour servir d'éclaircissement.

La fig. B montre les articulations des 4e et 5e doigts de la main droite, vues du côté palmaire; la capsule fibreuse (7) est visible seulement sur le 4e doigt; les ligaments latéraux internes (5) et externes (6) se voient très-nettement sur le petit doigt.

Les capsules des articulations phalango-métacarpiennes sont réunies par un ligament transversal qui s'étend du 2e au 5e doigt. Les ligaments et les capsules articulaires sont disposés exactement de la même manière.

La fig. D représente les articulations du 4e et du 5e orteil, vues du côté plantaire (5), les ligaments externes (6), les ligaments internes (7), le ligament transversal des articulations phalango-métatarsiennes.

La fig. F. représente les ligaments de l'articulation du genou (5), la capsule de la rotule (7), les ligaments latéraux (6), les ligaments croisés, et le ligament adipeux, qui se fixent, soit dans l'espace intercondylien, soit sur les côtés du fémur et des os de la jambe.

Sur les planches VII, VIII, fig. C, sont encore représentés quelques ligaments de la face palmaire de la main. Des ligaments transverses (3) s'étendent sur les capsules articulaires des doigts; sur ceux-ci, portant des ligaments latéraux de chaque côté, se croisent des ligaments obliques (1). Le ligament du carpe (4) recouvre les os de la racine de la main et l'articulation radio-carpienne. Les ligaments capsulaires des métacarpiens sont visibles fig. D, 3.

La fig. E, 8 représente le grand ligament croisé antérieur du tarse, la fig. F, 8 un tendon au côté externe du gros orteil.

Les os du crâne sont recouverts aussi d'une capsule fibreuse, l'*aponévrose crânienne*, fig. A, I, représentée encore plus nettement sur la planche IX, fig. A, I.

LES MUSCLES.

Les muscles sont disposés les uns à côté des autres en couches superposées sur le squelette auquel ils s'attachent; ils sont composés de fibres extrêmement fines, dirigées parallèlement, et qui se réunissent aux deux extrémités du muscle pour se souder aux tendons attachés au périoste des os. Ils sont traversés de nerfs qui gouvernent leurs mouvements et de vaisseaux qui servent à leur nutrition.

En dehors de ces muscles longs, attachés aux os de deux côtés, il en existe quelques-uns dont les fibres affectent une disposition circulaire; ils servent à l'occlusion des diverses ouvertures du corps, par exemple de l'œil, de la bouche. Comme nous le verrons plus tard, le cœur est un muscle composé de fibres longitudinales, circulaires et spirales.

La fig. A, planches VIII et IX, représente les muscles immédiatement situés sous la peau. Les muscles du tronc ont été divisés d'après leur position en muscles de la poitrine, de l'abdomen, du dos. Les suivants sont visibles sur la figure en question.

Le *grand pectoral* est fixé d'un côté au sternum, aux cartilages des 2e-7e côtes et à la portion sternale de la clavicule; de l'autre il s'attache, par un fort tendon d'environ 5 centimètres, au bord externe de l'humérus; il rapproche le bras de la poitrine. Le petit pectoral, le sous-clavier et le grand dentelé forment la seconde couche au-dessous de lui; les muscles intercostaux, internes et externes, la troisième couche. Tous ces muscles servent à la respiration.

Le muscle *droit abdominal* est situé à droite et à gauche de la *ligne médiane* (linea alba); il est fixé aux cartilages des 5e, 6e et 7e côtes, ainsi qu'à l'appendice xiphoïde; il s'attache en bas à la partie antérieure du bassin; il incline le tronc en avant et rétrécit la cavité abdominale.

L'*oblique externe* est fixé au bord inférieur de la 8e côte; il s'attache aux os iliaques, et sert, comme l'oblique interne et le transverse abdominal, à comprimer les viscères abdominaux.

Des muscles du dos on ne voit (VIII, A) que le *grand dorsal*.

La figure B montre à droite la couche superficielle, à gauche la couche inférieure des muscles du dos et du cou.

Le muscle *sterno-cléido-mastoïdien* s'attache à l'occipital et à l'apophyse mastoïde en haut, au sternum et à la clavicule en bas. Quand il agit des deux côtés en même temps, il élève légèrement la tête; quand il se contracte isolément, il l'abaisse vers l'épaule et tourne la face du côté opposé.

Les muscles splénius de la tête et du cou s'attachent soit au crâne (temporal et occipital), soit aux vertèbres cervicales supérieures et aux apophyses épineuses des premières vertèbres dorsales. Ils élèvent la tête quand ils agissent des deux côtés à la fois; ils la tirent obliquement en arrière lorsqu'ils se contractent isolément.

Le *trapèze* (3) s'attache d'un côté à l'occipital, aux apophyses épineuses des vertèbres cervicales et dorsales, de l'autre au bord postérieur et supérieur de l'omoplate et à la clavicule; il tire l'épaule en arrière, en haut et en bas. L'*angulaire* de l'omoplate se trouve à côté du splénius et du trapèze; il s'attache aux apophyses transverses des quatre premières vertèbres cervicales et à l'angle interne et supérieur de l'omoplate.

Près de lui et plus bas, le *rhomboïde* (7-10), divisé en deux faisceaux, s'attache d'un côté au bord spinal de l'omoplate, de l'autre aux deux dernières vertèbres cervicales et aux quatre premières dorsales; ce muscle rapproche l'omoplate de la ligne médiane et abaisse l'épaule.

Le *grand dorsal* (5) est fixé aux apophyses épineuses des

dernières vertèbres dorsales (VII à XII), ainsi qu'aux vertèbres lombaires et sacrées, aux quatre côtes inférieures, à la crête supérieure de l'os iliaque, et s'attache par un tendon au bas de la coulisse bicipitale de l'humérus ; il tire le bras en arrière.

Le *deltoïde* (6) recouvre l'articulation du bras ; il s'attache d'un côté à l'omoplate et à la clavicule, de l'autre à l'humérus ; il élève le bras.

Le *sous-épineux* (8) s'attache à toute la fosse sous-épineuse et à l'humérus ; il tire le bras en arrière et en bas.

Le *sus-épineux* s'étend de la fosse sus-épineuse jusqu'à l'humérus ; il élève un peu le bras et le tourne en dehors.

Le *petit dentelé* (12), postérieur et inférieur, s'attache aux apophyses épineuses des vertèbres dorsales inférieures et aux dernières côtes qu'il tire en bas.

Les muscles *intercostaux* (11) (internes et externes) s'étendent entre les côtes, comme leur nom l'indique, s'y attachent et les rapprochent par leur contraction. Les intercostaux externes se dirigent d'arrière en bas et en avant, les internes d'avant en arrière et en bas. Des apophyses transverses des vertèbres dorsales partent de petits muscles qui s'attachent aux côtes, les tirent en arrière, et contribuent à l'élargissement de la cavité thoracique.

Le *long dorsal* (14) s'attache aux côtes et aux apophyses transverses des douze vertèbres dorsales ; il agit de la même manière que le sacro-lombaire qui se trouve à côté de lui ; quand ces muscles se contractent des deux côtés, ils tirent le tronc en arrière ; agissant d'un seul côté, ils courbent la colonne vertébrale latéralement. Le muscle *inter-épineux* (15), situé entre les apophyses épineuses, agit d'une manière analogue. Les muscles du membre inférieur se divisent en muscles du bassin, de la cuisse, de la jambe et du pied.

Parmi les muscles externes du bassin, nous mentionnerons seulement le *grand fessier* (fig. A, 10), qui est fixé à la crête de l'os iliaque, au sacrum, au coccyx, et s'attache sous le grand trochanter à la ligne âpre du fémur ; il tire la cuisse en dehors et en arrière. A côté et au-dessous de lui se trouvent le moyen et le petit fessier, qui sont abducteurs ou adducteurs de la cuisse, selon qu'ils se contractent en totalité ou en partie.

Les muscles les plus importants de la cuisse sont les suivants :

L'*extenseur commun de la jambe*, ou quadriceps fémoral, se compose de quatre muscles : le *droit antérieur* (11), le *vaste interne*, le *vaste externe* et le *muscle crural*, dont le tendon commun s'attache à la rotule et au tibia ; les extrémités supérieures sont fixées en partie au bassin, en partie au fémur.

Le *couturier* (12) se trouve directement sous la peau et se dirige obliquement du côté externe de l'os iliaque vers le côté interne du tibia ; il fléchit la jambe et la tourne en dedans.

Le *biceps* (fig. A, entre 13 et 17), placé au côté postérieur de la cuisse, fléchit la jambe et la tourne en dehors.

Parmi les autres muscles de la cuisse nous citerons encore : le *grand*, le *long* et le *court adducteur* ; le *semi-membraneux* et le *semi-tendineux*, le *pectiné*, qui servent tous à la flexion et à l'adduction de la jambe.

Parmi les muscles de la jambe, les suivants sont visibles (fig. A).

Le *tibial antérieur* (14) est fixé à la partie supérieure et externe du tibia ; il s'attache par un tendon au premier cunéiforme et au métatarsien correspondant ; il fléchit le pied en élevant son bord interne.

L'*extenseur* long commun des orteils (fig. A, 15 ; E, 1) s'attache en haut à la tubérosité externe du tibia et à la partie supérieure du péroné, et se divise en tendons qui se fixent aux deuxième et troisième phalanges des quatre orteils externes. Il est extenseur des phalanges et fléchit le pied sur la jambe, tandis que l'extenseur propre du gros orteil est en même temps adducteur du pied.

Le long *fléchisseur* commun des orteils (fig. A, 18, F. 2) s'attache à la face postérieure du tibia et au côté inférieur de la troisième phalange des quatre doigts externes.

Le long *fléchisseur* du gros orteil (fig. F, 3) s'attache en haut au péroné ; son tendon se place dans une gouttière formée par l'astragale, arrive à la plante du pied, et se fixe à la deuxième phalange du gros orteil.

Les *muscles jumeaux* ou *gastrocnémiens* (fig. A, 16) s'attachent aux deux condyles du fémur et se réunissent aux tendons du *soléaire* et du *plantaire grêle* en un cordon commun appelé *tendon d'Achille*, qui se fixe au calcanéum ; ils servent ainsi que le soléaire (fig. A, 17) à l'extension du pied sur la jambe.

Enfin, on trouve encore parmi les muscles de la jambe le *poplité*, le *tibial postérieur*, le *long* et le *court péronier*, qui servent tous à mouvoir le pied.

Les muscles du pied (fig. A, 19) sont visibles sur les figures E (dos du pied) et F (plante).

Sur la région dorsale on trouve, sans compter les extenseurs longs (1), (4) des orteils, les muscles suivants :

Le court *extenseur commun* des orteils (fig. E, 2) s'attache en arrière à la partie antérieure et externe du calcanéum, et en avant au bord externe des tendons de l'extenseur long.

L'*extenseur court du gros orteil* (fig. E, 3) est fixé à la partie inférieure et antérieure du péroné et s'attache au tendon de l'extenseur long.

L'*abducteur du gros orteil* (fig. E, 3) est fixé au calcanéum et au premier cunéiforme ; il s'attache à la première phalange du gros orteil et l'éloigne du second orteil quand il se contracte.

L'*abducteur du petit orteil* (fig. E, 7) s'étend du côté externe du calcanéum à la première phalange du petit orteil et tire celui-ci en dehors.

Les muscles interosseux dorsaux se trouvent entre les os métatarsiens (fig. E, 5) ; ils écartent les orteils en dehors.

Dans la région plantaire on rencontre, indépendamment du long fléchisseur déjà mentionné, les muscles suivants :

Le *court extenseur commun des orteils* se trouve directement sous la peau. Il est fixé à la face inférieure du calcanéum et forme quatre tendons (le quatrième a été enlevé à dessein sur notre figure), qui se divisent vers la première phalange et s'attachent à la deuxième, après avoir été perforés par les tendons du long fléchisseur commun.

Les muscles lombricaux (fig. F, 7) s'étendent des quatre tendons du long fléchisseur commun jusqu'au côté externe de la première phalange des 2e au 5e orteils ; ils sont fléchisseurs.

En dessous d'eux se trouvent les *interosseux plantaires*.

Les muscles du membre supérieur ont été divisés en muscles de l'épaule, du bras, de l'avant-bras et de la main.

Parmi les muscles de l'épaule, nous avons déjà mentionné le deltoïde (fig. B, 6), le sous-épineux (B, 8) et le sus-épineux (B, 16). Nous décrirons encore les suivants :

Le *grand-rond* (fig. B, 9) est fixé d'un côté au bord externe de l'omoplate et s'attache à l'humérus ; il tire le bras en arrière, en bas et le tourne en dedans. Au-dessus de lui se trouve le *petit-rond* qui tire le bras en arrière et le tourne en dehors.

Le *sous-scapulaire*, qui remplit à lui seul la fosse sous-scapulaire, va s'attacher à la petite tubérosité de l'humérus; il tourne le bras en dedans.

Le *triceps brachial* (fig. A, 20) est situé à la partie postérieure du bras, il s'attache par un tendon plat qui passe sur le coude à la partie postérieure et supérieure de l'olécrâne. De ses trois faisceaux, le moyen atteint le bord antérieur de l'omoplate, l'interne et l'externe se fixent à la partie supérieure de l'humérus. Il est extenseur de l'avant-bras.

Le *biceps brachial* (fig. A, 21) est situé à la partie interne et antérieure du bras; il se compose de deux portions : la plus courte naît du sommet de l'apophyse coracoïde de l'omoplate, la plus longue du bord de la cavité articulaire; son tendon s'attache au radius. Ce muscle fléchit l'avant-bras et le tourne en dehors.

Le *brachial antérieur* s'étend de l'humérus au cubitus; il fléchit également l'avant-bras.

Sur la face dorsale de l'avant-bras on rencontre les muscles suivants :

L'*extenseur commun des doigts* (fig. A, 25) naît autour du condyle externe de l'humérus et se divise en quatre tendons qui, après s'être séparés, s'attachent sur le côté des deuxième et troisième phalanges (fig. D; le tendon du petit doigt a été enlevé à dessein). Ce muscle est extenseur des 2e à 5e doigts de la main.

Le radial externe, s'étendant du condyle externe de l'humérus jusqu'à la base du deuxième métacarpien, est extenseur de la main et la dirige vers le bord radial, tandis que le cubital postérieur, qui naît de la même partie du bras et s'attache au cinquième métacarpien, la tire vers le bord cubital.

Le *long supinateur* (fig. A, 26) s'étend du tiers inférieur de l'humérus jusqu'à la base de l'apophyse styloïde du radius; il tourne la main en dehors.

On trouve les muscles suivants au côté interne du bras :

Le *rond pronateur* (qui tourne en dedans), à la partie supérieure de l'avant-bras, se dirige obliquement du condyle interne de l'humérus vers la face externe du radius, et tourne le bras et la main en dedans comme son nom l'indique.

Le *carré pronateur* se trouve juste au-dessus de l'articulation de la main et s'étend en travers du cubitus au radius.

Le *radial interne* (allant du condyle interne de l'humérus à la face palmaire du second métacarpien) fléchit la main et la dirige en dehors; le *cubital antérieur* (allant du condyle interne de l'humérus à l'os pisiforme) fléchit aussi la main, mais la dirige en dedans. Sous ces trois muscles se trouve le *fléchisseur superficiel commum* des doigts (fig. A, 23; C, 13) qui s'attache en haut à l'humérus, au cubitus, au radius, et se divise en quatre tendons qui se partagent à la hauteur de la première phalange pour donner passage à ceux du fléchisseur profond (fig. C, 6). Les tendons de celui-ci fléchissent les troisièmes, ceux du fléchisseur superficiel les deuxièmes phalanges des 2e à 5e doigts.

Le *long fléchisseur du pouce* (fig. A, 24) s'étend de la partie supérieure et antérieure du radius à la deuxième phalange du pouce.

La main, en dehors des muscles déjà mentionnés, possède encore plus de dix muscles propres, qui lui donnent ensemble une très-grande mobilité. Nous décrirons seulement les suivants :

Le *palmaire cutané* (fig. C, 8) recouvre les deux tiers de l'éminence du petit doigt; il fronce la peau du bord cubital de la main. Le petit doigt possède un opposant particulier.

L'*abducteur du petit doigt* (fig. D, 5) s'attache d'un côté au pisiforme et au ligament du carpe, de l'autre au bord externe de la première phalange du petit doigt, et tire ce dernier en dehors.

Le *court fléchisseur du petit doigt* (fig. C, 5) se trouve au côté externe du précédent, s'attache à l'os crochu et à la première phalange du petit doigt.

Au milieu de la face palmaire de la main s'étendent les quatre lombricaux (fig. C, 7), au côté interne des tendons du fléchisseur profond des doigts. Ils fléchissent la première phalange des 2e à 5e doigts.

En dessous d'eux, se trouvent les interosseux internes contre les métacarpiens des 2e à 5e doigts; du côté dorsal de la main sont les interosseux externes (fig. D, 4). Ils font mouvoir les doigts vers la droite et vers la gauche.

Les muscles de l'éminence du pouce sont :

Le *court fléchisseur du pouce* (fig. C, 10) s'attache, d'un côté au trapézoïde, et au grand os; de l'autre, à la première phalange du pouce.

Le *court abducteur* (fig. C, 12) s'étend du scaphoïde à la première phalange, il écarte le pouce.

Le *long abducteur* s'attache au cubitus, au radius et au métacarpien du pouce, qu'il sert aussi à éloigner de l'indicateur.

Le *court extenseur du pouce* (fig. D, 6) va du bord externe du cubitus au côté dorsal de la première phalange du pouce

Le *long extenseur du pouce* (fig. D, 7) s'étend de la face dorsale du cubitus à la deuxième phalange du pouce.

L'*opposant du pouce* (fig. C, 11) part du ligament du carpe et s'attache au métacarpien du pouce; il tourne celui-ci vers le creux de la main.

L'*adducteur du pouce* (fig. C, 9) entre le grand os, le troisième métacarpien et la première phalange du pouce; il rapproche le pouce de l'indicateur. Le pouce peut exécuter, grâce à ces huit muscles, les mouvements les plus variés, et ses changements de position par rapport aux autres doigts de la main font de celle-ci un instrument admirable pour les arts et l'industrie.

Passons aux muscles de la tête et d'abord aux plus extérieurs :

Le *frontal* (pl. IX, fig. A), s'attache en haut à l'aponévrose épicrânienne; il se fixe à la racine du nez et l'angle interne de l'œil; il tire en bas la peau du front.

L'*occipital* s'attache, du côté opposé, à l'aponévrose épicrânienne et à la ligne courbe de l'occipital; il tire la peau de la tête en arrière.

Le *temporal* se trouve sous une lame superficielle qui se détache de l'aponévrose épicrânienne (fig. A, 3), et s'étend jusqu'à l'arc zygomatique; il s'attache à l'apophyse coronoïde du maxillaire inférieur et sert à la mastication.

Le *pyramidal* se sépare des fibres moyennes du frontal et occupe le dos du nez; il tire la peau du front en bas. Le transverse du nez (fig. A, 8) s'attache au maxillaire supérieur et se porte sur le dos du nez; il est constricteur, ainsi que le myrtiforme qui se fixe à la peau de l'aile du nez et à la sous-cloison des narines.

L'*orbiculaire des lèvres* (fig. A, 10) occupe leur épaisseur sans s'attacher à aucun os; il a pour effet l'occlusion de la bouche.

Le second muscle circulaire de la face, l'*orbiculaire de paupières* (fig. A, 4) est fixé au ligament palpébral interne il ferme les paupières, dont il occupe le pourtour et la surface.

Les muscles suivants sont disposés comme des rayons autour de la bouche :

Le *releveur de l'aile du nez et de la lèvre supérieure* (fig. A, 7) se compose de deux faisceaux dont le plus long se rend à la lèvre supérieure et le plus court à l'aile du nez; il est fixé en haut à l'apophyse montante du maxillaire supérieur.

Le *releveur de la lèvre supérieure* (fig. A, 15) s'étend du bord orbitaire inférieur à la lèvre supérieure. Au-dessous de lui se trouve le *releveur de l'angle de la bouche* (A, 16).

Le *risorius de Santorini* va de l'angle de la bouche jusqu'au-devant de l'oreille (fig. A, 9).

Enfin le *buccinateur* s'attache également à l'angle de la bouche et se fixe au maxillaire supérieur, au maxillaire inférieur, ainsi qu'à l'apophyse ptérygoïde du sphénoïde (fig. A, 17). Il forme la paroi de la joue et rétrécit la cavité buccale par sa contraction.

Entre le releveur de l'angle de la bouche et le risorius se trouvent le *grand* et le *petit zygomatique* (fig. A, 5, 6) qui s'attachent à l'os malaire; ils relèvent la commissure des lèvres en la tirant en dehors.

Le dépresseur de la commissure des lèvres ou *triangulaire* (fig. A, 19) s'attache à l'angle de la bouche et au maxillaire inférieur.

Le *carré du menton* (fig. A, 20) abaisse la lèvre inférieure; la *houppe du menton* (fig. A, 21) la relève légèrement.

Le *masséter*, qui est le plus important des muscles de la mâchoire inférieure, se trouve sous le buccinateur; sa position est indiquée (fig. A, 11). Il s'attache en haut à l'arcade zygomatique, en bas vers l'angle de la mâchoire inférieure; il élève la mâchoire inférieure. Le temporal mentionné plus haut élève aussi la mâchoire et la tire en arrière, tandis que le masséter la pousse plutôt en avant.

Le *peaucier du cou* (fig. A, entre 19 et 12) est abaisseur de la mâchoire inférieure, ainsi que le *digastrique* qui s'attache à l'apophyse mastoïde, au maxillaire inférieur, et à l'os hyoïde.

Les muscles sont composés de faisceaux minces qui, à leur tour, se divisent en fibres très-fines à peine visibles à l'œil nu. Ces fibres grossies apparaissent sous le microscope lisses, ou striées transversalement.

Les fibres des muscles lisses (pl. IX, E) sont des cellules allongées pourvues d'un noyau; elles accomplissent des mouvements indépendants de la volonté et inconscients, comme ceux de l'intestin, des bronches, des vaisseaux, etc.

Les fibres des muscles striés (fig. C et D) exécutent les mouvements volontaires; elles montrent des stries longitudinales et transversales, ainsi que des noyaux nombreux. Ces fibres traitées par l'alcool se séparent en fibrilles très-fines (fig. D, 1); traitées par les acides, elles se divisent au contraire en disques (fig. D, 2), qui, enfin, se réduisent en cellules primitives (fig. D, 5). Les disques sont de nature différente; ceux d'une rangée présentent la double réfraction par rapport à la lumière, ceux de la suivante la réfraction simple.

Les premiers se composent de parties élémentaires qui apparaissent minces et allongées quand le muscle est au repos, se raccourcissant et s'épaississant quand il se contracte (fig. C, 2).

Le muscle, quand il se contracte, se raccourcit dans sa totalité, et rapproche par son tendon les extrémités osseuses auxquelles il s'attache.

L'excitation qui détermine la contraction est transmise par les nerfs qui distribuent des branches à chaque fibre musculaire en particulier (fig. C, 3). Ces ramifications se terminent par des plaques (C, 4) au moyen desquelles la substance nerveuse entre en contact avec les éléments musculaires. Les fibres musculaires sont enveloppées, chacune en particulier, par une membrane délicate; elles se groupent d'abord en faisceaux primitifs, ceux-ci en faisceaux secondaires et tertiaires, qui constituent le muscle. Une gaine connective, le *périmysium externe*, enveloppe tout l'organe et envoie aux divers faisceaux des cloisons qui donnent naissance à des gaines tertiaires, secondaires et primitives. Les groupes de muscles sont enveloppés à leur tour par des membranes appelées *aponévrose*, et sur le tout s'étend la peau qui recouvre complétement le corps.

La cavité, dont les côtes et les os du bassin forment les parois, se trouve partagée en deux par le *diaphragme* (pl. XI, fig. A, 22; B, 3; pl. XII; XIII, fig. A, 20; pl. XIV; XV, fig. A, 1); la partie supérieure (cavité thoracique) contient le cœur et les poumons; la partie inférieure (cavité abdominale) contient les organes digestifs.

Le diaphragme est un muscle plat, fortement bombé vers la cavité thoracique; ses faisceaux partent des surfaces antérieures et latérales des vertèbres lombaires, de la face interne des six ou sept côtes inférieures, des cartilages costaux, de l'appendice xiphoïde, et se réunissent en rayonnant vers un centre tendineux. Le diaphragme montre trois ouvertures, deux pour les vaisseaux, une pour l'œsophage; il agit principalement dans l'acte de la respiration en s'élevant et s'abaissant alternativement, mais il favorise aussi, par ses mouvements, la circulation du sang et la progression des aliments dans le tube digestif.

LES VAISSEAUX SANGUINS.

Le sang est lancé par le cœur dans des vaisseaux appelés *artères*, qui, par leurs divisions successives, atteignent aux limites de l'organisme; elles se continuent, par l'intermédiaire des capillaires, avec d'autres canaux nommés *veines*, qui ramènent le sang des extrémités vers le cœur. Le mouvement régulier et circulaire dont est animé le liquide sanguin dans l'intérieur de ces vaisseaux constitue la *circulation*.

Le *cœur* (pl. IX, B; X, B; XI, A, 12-15; XVII; XVIII, A, 6, 7, 10, 11) est enveloppé d'un sac membraneux, le *péricarde*, qui adhère intimement au centre tendineux du diaphragme. C'est un muscle creux, à la surface duquel les fibres musculaires se dirigent en spirale vers la pointe tournée en bas (IX, B, 1, 2), et remontent vers la base après avoir formé une sorte d'anneau. A la surface interne du cœur, les faisceaux suivent différentes directions (1) et se rattachent aux valvules qu'ils font mouvoir (2).

L'intérieur du cœur est divisé par une cloison verticale (pl. X, C, 3) en une moitié gauche et une moitié droite; et chaque moitié, partagée par une cloison transversale (X, D, 1), se compose d'un ventricule et d'une oreillette communiquant par une valvule. Le sang entre par l'oreillette dans le ventricule et se trouve chassé dans le artères par la contraction des parois du cœur. La valvule du côté droit présente trois festons, celle du côté gauche deux seulement. (Pl. X, fig. B, 2; C, 1.)

Les vaisseaux qui ramènent le sang vers le cœur sont appelés veines; toutes les veines du corps se réunissent en deux gros troncs qui débouchent dans l'oreillette droite; l'un rapporte le sang de la tête, des bras, de la poitrine et s'appelle la *veine cave supérieure* (IX, B, 8; XI, A, 16; XII; XIII, A, 4); l'autre rapporte le sang qui vient des membres inférieurs et des intestins, c'est la *veine cave inférieure.* (IX, B, 9; XI, A, 17; B, 6; C, 3; XII ; XIII, A, 5.)

Les vaisseaux par lesquels le sang s'échappe du cœur se nomment artères; l'*artère pulmonaire* naît du ventricule droit (IX, B, 10; XI, A, 18; XII; XIII, A, 8) et porte le sang dans les poumons, d'où il retourne, après s'être chargé d'oxygène, dans l'oreillette gauche, où débouchent les veines pulmonaires. (IX, B, 7; X, B, 5; XI, A, 19; XII; XIII, A, 9.)

On nomme le chemin que le sang parcourt dans les poumons petite circulation, et celui qu'il parcourt dans le corps grande circulation.

De l'oreillette gauche le sang entre dans le ventricule par la valvule bicuspide pour être poussé ensuite dans l'artère aorte (X, D, 3; XI, A, 20; XII; XIII, 12), dont les ramifications s'appellent plus spécialement artères et distribuent le sang à toutes les parties du corps.

L'artère pulmonaire, de même que l'aorte, est pourvue à sa sortie du cœur de valvules qui empêchent le retour du sang en arrière. (IX, B, 10; X, D, 5.)

L'aorte fournit, un peu au-dessus de ces valvules, les *artères coronaires* du cœur, qui servent à la nutrition des muscles de cet organe. (X, D, 4; IX, B; XI, A.)

L'aorte, comme on le voit sur les planches XII; XIII, A, 12, décrit un arc au-dessus du cœur, vient se placer derrière celui-ci, entre la colonne vertébrale et l'œsophage, et passe à travers le diaphragme (pl. VI, B, 7); plus bas, elle porte le nom d'aorte abdominale. (Pl. XVII, A, 6.)

De la partie supérieure de l'arc de l'aorte partent : à gauche, l'artère sous-clavière et la carotide; à droite, l'anonyme, qui se divise bientôt pour former l'artère sous-clavière droite et la carotide du même côté.

La carotide se divise en deux branches, interne et externe.

Le parcours de la carotide externe est représenté sur la fig. X, A, 1, tandis que la carotide interne n'est qu'indiquée.

On nomme *capillaires* les branches extrêmement fines qui fournissent les nerfs, les muscles, les membranes, les os. Les capillaires des vésicules pulmonaires sont représentés planches XII; XIII, D, 3; ceux des reins, planche XVII, D, 4; ceux du foie, planche XVI, fig. 1, 2; ceux de l'intestin grêle, fig. D, 8; ceux des glandes stomacales, fig. A, 5; ceux de la peau, sur la planche XXI, fig. E, 3; ceux de la choroïde de l'œil, planche XXIII, B, 20.

Les vaisseaux capillaires remplissent des fonctions très-importantes; ils distribuent les éléments du sang à toutes les parties du corps et reprennent leurs principes usés. Le sang se purifie ensuite dans divers appareils.

Les poumons le débarrassent des gaz délétères, les reins des composés solubles, et les corpuscules du sang se dissolvent dans la rate lorsqu'ils ont perdu leur vitalité.

Le sang, comme il a déjà été dit, revient au cœur par les veines; celles-ci sont munies de valvules qui empêchent son retour en arrière.

Sur la planche X, fig. E, la flèche indique le courant du sang; les chiffres, la forme et la position des valvules. La grande circulation s'accomplit chez l'homme en vingt-trois secondes.

L'eau forme les 4/5 du poids du sang, lequel contient 1/5 de matières solides; les plus importantes sont l'albumine, la fibrine et la globuline, le sucre de raisin, la graisse, l'urée; puis de légères quantités de différentes substances (chaux, magnésium, kalium, natrium, manganèse, fer, aluminium) et quelques gaz. Le principe colorant ferrugineux du sang se nomme hématine.

Tous ces corps sont en partie dissous dans le sang, en partie condensés dans ses corpuscules; ceux-ci sont si petits qu'ils sont contenus par millions dans une goutte de sang; ils ont la forme de disques (pl. X, fig. 2, 3) légèrement concaves sur leurs deux faces. Lorsque, sous le microscope, on ajoute de l'eau au sang, on voit les corpuscules se décolorer et prendre une forme sphérique (pl. X, fig. 1); quand le sang se coagule, ils s'agglomèrent par piles (X, fig. 7) ou se contractent irrégulièrement (X, fig. 6); la fibrine se sépare en fibres minces. (X, fig. 5.)

Le sang possède en moyenne une chaleur de 37,5 degrés centigrades, qui se modifie suivant l'état de santé, la quantité de nourriture absorbée, l'activité musculaire. Les principales sources de chaleur sont les aliments carbonés (fécule, sucre, graisses) et l'oxygène que nous respirons.

Parmi les corpuscules rouges du sang, on rencontre quelques corpuscules non colorés (environ 5 sur 2,000) nouvellement formés, dont le contenu ferrugineux n'a pas encore été oxydé par l'oxygène des poumons. Les corpuscules incolores du sang sont en grande partie des produits de la digestion; ils sortent de l'appareil digestif pour s'écouler dans le *canal thoracique* (pl. XI, A, 23; B, 10; C, 5) qui se jette dans un embranchement de la veine cave supérieure; on les nomme corpuscules blancs du sang ou corpuscules lymphatiques.

Les substances musculaires et nerveuses s'usent dans le travail corporel et intellectuel; cette perte est réparée par le sang. Les éléments devenus inutiles à l'organisme sont emportés par le courant sanguin et éliminés au moyen d'organes spéciaux. Quand l'apport des matériaux nutritifs ne correspond pas à la dépense, il se produit un état de fatigue et d'épuisement; le sommeil, le repos sont alors nécessaires pour rétablir l'équilibre et accumuler des forces nouvelles.

Les *poumons* (pl. XI, A, 7, 11; B, 1-2) remplissent la plus grande partie de la cavité thoracique; ils sont enveloppés par une membrane analogue au péricarde, la *plèvre*, qui recouvre aussi la paroi thoracique interne et le diaphragme. Le poumon droit se divise en trois lobes, le poumon gauche en deux.

Les poumons sont formés par une agglomération de petites vésicules qui se trouvent groupées autour des dernières ramifications des bronches (pl. XII; XIII, A, 3, 2). Quelques-unes de ces vésicules, qui existent au nombre d'environ 1,800 millions, sont représentées très-grossies. (Pl. XII; XIII, fig. B.) Elles sont entourées d'un fin réseau de capillaires; les ramifications de l'artère pulmonaire (XII; XIII, A, 8) et les origines des veines pulmonaires, (XII; XIII, A, 9) XII; XIII, C montrent le cours du sang dans le poumon, et fig. D une vésicule pulmonaire extrêmement grossie avec ses capillaires.

La cavité thoracique s'agrandit par la contraction des muscles qui élèvent les côtes et par celle du diaphragme; le poumon se dilate alors, sous la pression de l'air qui pénètre par la trachée et remplit les alvéoles pulmonaires. La rapdité des mouvements respiratoires dépend comme celle du pouls de diverses circonstances, âge, état de santé, etc. Pour un mouvement respiratoire, on compte quatre battements du pouls.

Les *reins* sont représentés planche XVII. La fig. A montre le rein extérieurement; la fig. B donne une coupe longitudinale du rein gauche. Le rein est entouré d'une capsule adipeuse (3) et d'une capsule fibreuse (2); l'artère rénale (7), une des branches principale de l'aorte abdominale (6), entre du côté concave, et la veine rénale (10) rapporte le sang débarrassé de ses éléments inutiles. L'urine est conduite par les uretères (5) dans la vessie où elle s'amasse pour être ensuite expulsée au dehors. L'extrémité supérieure du rein porte la capsule surrénale (4) à laquelle se rendent des vaisseaux, artères surrénales (8) et veines surrénales (11). (Compar. planche XI, C, 8.)

L'intérieur du rein (B) présente une organisation très-compliquée; la partie supérieure évasée de l'uretère forme une poche, le *bassinet* (17), à la périphérie de laquelle se trouvent des cavités secondaires, les *calices* (12). Les canaux excréteurs (13) du rein débouchent entre les calices, au sommet de prolongements de la substance rénale, nommés *papilles*. Leurs extrémités suivent une direction rectiligne, et se réunissent en faisceaux qui constituent les pyramides de Malpighi (14), dont la base s'étend jusque dans la *couche corticale* (16) du rein.

Cette couche corticale, qui est le siége de la sécrétion urinaire, est représentée, simplifiée et grossie, fig. C. On y remarque surtout les corpuscules de Malpighi (2) (grossis davantage, fig. D) qui renferment un réseau de vaisseaux capillaires (2), dernières ramifications de l'artère rénale et origines de la veine rénale (3).

L'urine est extraite du sang dans les corpuscules (2) et se rend de là dans les canalicules urinifères; ceux-ci, extrêmement fins, forment des anses (5) d'abord dirigées vers les calices, mais remontant ensuite vers la couche corticale pour se réunir et former les canaux excréteurs qui débouchent au sommet des papilles.

Le troisième appareil purificateur du sang est le foie, représenté (pl. XIV; XV, A, 8) par sa face inférieure sur laquelle on distingue : o = le lobe droit, p = le lobe carré, q = le lobe gauche, r = le lobe de Spiegel; sa face supérieure est bombée, lisse. Le foie est rattaché par des ligaments (parmi lesquels deux seulement, t et u, sont visibles sur la figure) au diaphragme, au péritoine, à l'estomac (comparez planches XIV; XV, G, 7), au duodénum, au côlon, au rein droit.

La veine porte entre dans le foie, entre le lobe de Spiegel et le lobe carré.

L'aorte abdominale envoie des branches nombreuses aux organes digestifs (estomac, intestins).

Les veines de la rate, de l'estomac, du pancréas, des intestins, se réunissent à la hauteur de l'estomac, en un tronc commun, la veine porte, qui se termine en fines ramifications dans le foie.

Les cellules du foie par lesquelles la bile est formée au moyen des corpuscules du sang sont situées au milieu d'un réseau capillaire compliqué. Celui-ci est figuré planche XVI, fig. F, 1 marque les ramifications de la veine porte, 2 les origines des veines hépatiques qui se rendent dans la veine cave inférieure. La bile s'accumule en sortant des cellules du foie dans des canaux qui se réunissent pour former le conduit hépatique; elle est conservée dans un réservoir revêtu d'une muqueuse, la vésicule biliaire, et se déverse de là dans l'intestin au moment de la digestion par le canal cholédoque.

Nous nous occuperons maintenant des organes qui président à la formation de nouveaux corpuscules du sang, incolores.

On remarquera (pl. XVI, fig. D), dans le centre des villosités intestinales (7), des vaisseaux (10, 9, 13) qui absorbent les produits de la digestion pour les porter vers des glandes (14) dans lesquelles ils se transforment en corpuscules lymphatiques. Les conduits efférents des nombreux ganglions lymphatiques de la cavité abdominale se réunissent pour déboucher dans le *canal thoracique* (pl. XI, A, 23; B, 10; C, 5), qui forme le principal tronc lymphatique du corps. Le canal thoracique s'étend le long de la colonne vertébrale, à partir de la deuxième ou troisième vertèbre lombaire jusqu'à la quatrième vertèbre dorsale; de là, il se place sur le côté gauche de l'œsophage, monte jusqu'à la quatrième vertèbre cervicale, se recourbe, et se jette dans la veine sous-clavière gauche. Sur son parcours il reçoit les vaisseaux lymphatiques des membres inférieurs, du tronc, des bras, de la tête.

La *rate* (pl. XIV; XV, A, 7) se rattache au système lymphatique; elle se trouve du côté gauche, entre l'estomac et les côtes, est enveloppée par le péritoine, et se réunit (XIV; XV, C, 5) à l'estomac par un ligament; elle est en rapport avec le sommet du pancréas (A, 9); des vaisseaux nombreux se ramifient dans sa substance.

LES ORGANES DIGESTIFS.

Le premier groupe comprend les lèvres, les dents, la langue, le palais, les glandes salivaires, le pharynx; tous ces organes servent à saisir les aliments, à les diviser, à les goûter, enfin à faire glisser et descendre le bol alimentaire dans l'arrière-bouche.

Sur la planche XVII, fig. A, 21-41, est représentée l'extrémité supérieure du canal alimentaire.

La plupart des parties de la bouche ont été déjà mentionnées.

Il existe 3 paires de glandes salivaires : parotide, sublinguale et submaxillaire.

La *glande parotide* (pl. XVII, E, 1, et pl. XVII, A, 29) est située devant l'oreille au-dessous de l'arcade zygomatique; elle remplit l'espace limité par le conduit auditif externe, l'apophyse mastoïde et la branche montante de la mâchoire inférieure; elle recouvre une grande partie du masséter (6). Son conduit sécréteur (3) suit d'abord une direction horizontale, traverse le muscle buccinateur (7) et débouche au côté interne de la joue dans le voisinage de la deuxième molaire supérieure.

La *glande submaxillaire* (pl. XXI, B, 6; compar. pl. XXII, A, 30) est située au côté interne de l'angle maxillaire; son conduit sécréteur (8) débouche sur le côté du frein de la langue, il s'unit souvent à celui de la glande sublinguale.

La *glande sublinguale* (pl. XXI, B, 7; compar. pl. XXII, A, 31) est située sous la langue à sa partie antérieure; son conduit sécréteur débouche dans le voisinage de celui de la glande précédente.

Sur les côtés du voile du palais se trouvent les *amygdales* (pl. XXII, A, 27 ; XVIII, A, 30) qui sécrètent un mucus épais destiné à lubrifier le bol alimentaire.

Le *pharynx* est séparé de la cavité buccale par le voile du palais ; à sa partie supérieure et antérieure se trouvent les orifices postérieurs des fosses nasales et ceux des trompes d'Eustache, à sa partie inférieure l'ouverture de la trachée, et derrière celle-ci l'œsophage.

L'*œsophage* (pl. XVIII, A, 41 ; G, 16 ; E, 1, 2 ; XIV ; XV, A, 2 ; B, 1 ; XI, B, 8) est un canal revêtu intérieurement d'une membrane muqueuse et extérieurement d'une couche de muscles circulaires ; dans la poitrine, il se place d'abord devant les vertèbres dorsales, passe au côté droit de l'aorte, se dirige ensuite à gauche, traverse le diaphragme à la hauteur de la 9e vertèbre dorsale, et se continue immédiatement avec l'estomac.

Le groupe suivant comprend l'estomac, les intestins et les glandes qui en dépendent. Le *péritoine* enveloppe les intestins (pl, XII ; XIII, A, 12 de même que la plèvre entoure les poumons, et le péricarde le cœur.

On n'a pu représenter que quelques-unes de ses parties sur les planches XIX, XV ; fig. C, 4, le ligament gastro-phrénique ; 5, le ligament gastro-splénique ; 6, le grand épiploon qui s'étend de la grande courbure de l'estomac sur le côlon et descend, en couvrant les intestins, jusqu'au bassin ; 7, le ligament gastro-hépatique.

L'*estomac* (pl. XIV ; XV, A, 3 ; B, 2-7 ; G, 1-3, compar. XI, G, 6 ; XII ; XIII, A, 18) est une sorte de sac en forme de demi-lune ; son ouverture supérieure se nomme *cardia*, l'inférieure *pylore*. Sa petite courbure se trouve dans le voisinage du foie, sa grande courbure du côté gauche ; la partie située à gauche du cardia, au-dessus de la rate, se nomme *grand cul-de-sac* (B, 4).

L'estomac est recouvert par le péritoine et se compose d'une couche musculaire et d'une couche muqueuse.

La tunique musculaire (XIV ; XV, B) est composée de fibres lisses qui sont disposées longitudinalement et transversalement. La couche muqueuse possède un grand nombre de plis longitudinaux (XIV ; XV, C, 3), et contient une quantité considérable de glandes.

Les muscles de l'estomac contribuent à la division des aliments par leurs contractions, et les sucs sécrétés par ses glandes agissent sur eux chimiquement, en particulier les glandes à pepsine, représentées grossies 300 fois, planche XVI, fig. A ; ou fig. B, vues de face.

Elles forment des tubes (A, 3) entourés d'un réseau de capillaires (A, 5).

L'intestin grêle (pl. XIV ; XV, A, 4, 5) a été divisé en trois parties : le duodénum, le jéjunum et l'iléum.

Le *duodénum* (XIV ; XV, A, 4 ; C, 8) a la longueur de douze travers de doigt ; il contourne la tête du pancréas (A, 9) ; la digestion des aliments s'achève dans sa cavité. Il possède des plis nombreux (G, 8.) et des glandes qui sécrètent un liquide alcalin. Dans sa partie moyenne débouchent les conduits biliaires et pancréatiques.

Le pancréas (pl. XVI, E ; compar. XIV ; XV, A, 9) est situé derrière l'estomac, vers la partie lombaire du diaphragme. Son sommet (1) atteint la rate, sa grosse extrémité ou tête la courbure du duodénum ; son conduit sécréteur se réunit au conduit biliaire avant de pénétrer dans le duodénum (planches XIV ; XV, A, *d*). Quelquefois chaque conduit possède une embouchure séparée (pl. XVI, E, 56) ; souvent le canal pancréatique se divise en deux branches dont l'inférieure s'unit au conduit biliaire, tandis que la supérieure (canal de Santorini, 4) débouche isolément dans le duodénum.

Le *jéjunum* et l'*iléum* (pl. XIV ; XV, A, 5, *e*, *f*) ont une longueur de 5-7 mètres ; ils sont rattachés à la colonne vertébrale par le *mésentère* qui leur donne une certaine fixité dans l'abdomen. Leur muqueuse possède un nombre considérable de villosités (sur un millimètre carré 15 à 25 environ d'un demi-millimètre de longueur) ; elles sont représentées planche XVI, fig. C, grossies une fois. Des glandes nombreuses sont situées entre ces villosités (3) et sécrètent un liquide alcalin. Les villosités sont des appareils destinés à absorber les produits de la digestion, de même que les follicules (2) clos, de la grosseur d'un grain de millet, isolés ou réunis en plaques, contenus dans la substance de la muqueuse.

Planche XVI, fig. C. représente schématiquement la structure des villosités intestinales ; ce sont des éminences coniques (7) recouvertes d'une épithélium à cellules cylindriques, entourées de capillaires (8) et de fibres musculaires (5), et renfermant un vaisseau chylifère (lymphatique) simple ou ramifié (10). Le produit de la digestion ou *chyle* est conduit dans les glandes mésentériques, d'où il s'accumule, après s'être épaissi, dans le canal thoracique, pour être conduit ensuite dans la veine sous-clavière gauche. Le canal alimentaire se trouve ainsi relié de deux manières au système circulatoire, d'abord par les veines à la veine porte et au foie, ensuite par les vaisseaux chylifères aux ganglions mésentériques, au canal thoracique et à la veine cave supérieure. A l'embouchure de l'intestin grêle dans le côlon, se trouve un repli double de la muqueuse nommé *valvule iléo-cæcale* (pl. XIV ; XV, fig. D.). Le gros intestin a été divisé en trois parties (pl. XIV ; XV, fig. A, 6), le *cæcum* (*g*) avec l'appendice vermiforme (*h*), le *côlon ascendant* (1), le *côlon transverse* (k), le *côlon descendant* (1) avec l'*S Romani* (*m*) et le rectum (*n*).

LES ORGANES DE LA VOIX.

La langue, qui sert à goûter les aliments, remplit un but plus élevé en contribuant à l'exercice de la parole et formant par là le trait d'union d'un être intelligent à l'autre. Nous ne parlons pas seulement, il est vrai, avec la langue ; les contractions des muscles du visage, les gestes, l'attitude du corps tout entier sont aussi une sorte de langage. Le son et le ton de la voix ne dépendent pas de la langue, mais du larynx ; nous étudierons donc ce dernier spécialement.

Le *larynx* (pl. XVIII, A, 32-37 ; B, 1-6 ; C, 1-17 ; D, 1-12 ; E, 3-11) forme la portion supérieure de la *trachée*, tube composé de 16-20 cartilages semi-lunaires (XVIII, A, 38 ; B, 7 ; C, 7-15 ; D, 9). C'est une réunion de cartilages reliés entre eux et à l'os hyoïde par des ligaments, une membrane muqueuse, et mus par des muscles nombreux.

Le plus volumineux est le cartilage *thyroïde* (XVIII, A, 35 ; B, 5), qui présente deux cornes supérieures (B, 5, *a* ; C, 1, *a*) ; et deux inférieures (B, 5, *b*), et forme la partie antérieure du larynx. Au-dessous de lui se trouve le cartilage *cricoïde* (A, 37 ; B, 6 ; C, 2 ; D, 8), plus élevé en arrière qu'en avant ; il porte de chaque côté le cartilage *aryténoïde* auquel sont attachées du côté interne les cordes vocales. Ce cartilage porte lui-même à son sommet le cartilage de *Santorini* (C, 5 ; E, 5) ; enfin, un nodule cartilagineux nommé cartilage de *Wrisberg* est situé en avant du bord antérieur des cartilages aryténoïdes (C, 4; E, 4). L'espace intermédiaire entre ces différents cartilages peut être fermé en haut par l'*épiglotte* (A, 33; B, 4; C, 17; D, 2; E, 10), relié par des ligaments à l'os hyoïde et au cartilage thyroïde; sa face postérieure est pourvue d'une saillie médiane (D, 3; E, 9). La cavité du larynx est occupée par deux paires de ligaments situées l'une au-dessus de l'autre; elles laissent entre elles un espace libre, la *glotte* (A, 34; E, 6). Les ligaments inférieurs sont les *cordes vocales* proprement dites (D, 5; E, 8); leurs fibres élastiques, tendues pendant l'expiration par les muscles du larynx, produisent au contact de l'air des vibrations d'autant plus rapides que la tension est plus forte.

La muqueuse des cordes vocales est recouverte d'épithélium pavimenteux (fig. F, 1), comme la muqueuse buccale. Les deux ligaments situés au-dessus des cordes vocales, nommés *fausses cordes* (D, 4; E, 7), sont comme le reste du larynx recouverts d'épithélium à cils vibratiles (G, 1). Ces cils sont animés d'un mouvement continu dans la direction de l'épiglotte et servent à expulser les poussières qui pénètrent avec l'air inspiré.

Les muscles du larynx sont tous disposés par paires. Les cordes vocales sont tendues principalement par le *cricothyroïdien* (C, 8); les *crico-aryténoïdiens* latéraux (C, 14) tournent les cartilages aryténoïdiens en dedans et rétrécissent la glotte; les *aryténoïdiens postérieurs* ont la même action (C, 11; D, 11). Le *thyro-aryténoïdien* interne raccourcit les cordes vocales, il est situé dans leur épaisseur (C, 13); enfin, le *crico-aryténoïdien* postérieur (C, 12), qui élargit la glotte, est un muscle essentiellement respirateur. Les muscles *thyro-épiglottiques* (C, 9) et les muscles *aryténo-épiglottiques* (C, 10; D, 10) qui se trouvent dans la partie supérieure et interne du larynx, servent à mouvoir l'épiglotte.

La *langue* (pl. XVIII, A, 24-29; pl. XXI, fig. AB; compar. pl. XXII, A, 28) est un organe musculaire extrêmement mobile. On lui reconnaît une base (pl. XXI, A, 3; B, 2), partie postérieure rattachée à l'os hyoïde; une face inférieure (pl. XXI, B), libre seulement dans son tiers antérieur; un sillon médian la divise et se prolonge en arrière en un repli muqueux, frein ou filet (pl. XVIII, A, 29; XXI, B, 15); un sommet ou pointe et une face supérieure (pl. XXI, A) qui porte les papilles du goût.

Parmi les muscles de la langue et les muscles de la région hyoïdienne, nous mentionnerons les suivants:

Dans la région sous-hyoïdienne, le *sterno-hyoïdien* qui s'étend de l'os hyoïde au sternum; il abaisse le premier; au-dessous de lui le *thyro-hyoïdien*, qui a la même action, et le muscle *omo-hyoïdien*, qui s'attache à l'omoplate et dirige l'os hyoïde latéralement. Dans la région sus-hyoïdienne, on trouve le *mylo-hyoïdien*, qui forme le plancher de la bouche; il élève l'os hyoïde et rétrécit la cavité buccale; le *stylo-hyoïdien*, qui s'attache à l'apophyse styloïde, meut l'os hyoïde en haut et en arrière; le *génio-hyoïdien*, situé sous le mylo-hyoïdien, le tire en haut et en avant (pl. XVIII, A, 27). Le *digastrique* se compose de deux ventres charnus, réunis par un tendon médian, et constitue une arcade à concavité supérieure. Le *ventre postérieur* s'attache à la ramure de l'apophyse mastoïde, le *ventre antérieur* se fixe dans la fossette digastrique du maxillaire inférieur, le *tendon de réunion* se rattache au corps de l'os hyoïde. Il élève l'os hyoïde par la contraction simultanée de ses deux ventres; il abaisse la mâchoire inférieure quand l'os hyoïde est fixé (pl. XVIII, A, 25).

Les muscles de la langue sont:

Le muscle *longitudinal*, formé par les fibres de différents muscles et rattaché en arrière à l'os hyoïde; il raccourcit la langue. Le *lingual transverse*, naissant des deux faces du septum lingual (pl. XVIII, 24) et se portant à la muqueuse des bords de la langue, rétrécit la langue.

Le *stylo-glosse*, agissant isolément, tire la langue de côté; agissant des deux côtés en même temps, il la tire en arrière; le *pharyngo-glosse* a la même action. Le muscle *hyo-glosse* dirige la langue en bas et en arrière (pl. XVIII, A, 26), le *génio-glosse* s'étend du menton dans la substance de la langue; il dirige la langue en avant et en bas. Tous les muscles de la langue, sauf le lingual vertical, sont pairs.

LES NERFS.

L'esprit qui est arrivé à comprendre l'univers, à mesurer les forces de la nature et à ouvrir des horizons nouveaux à l'humanité, travaille au moyen d'un organe d'une organisation merveilleuse, logé dans la cavité formée par les os du crâne. Le cerveau se réunit à la moelle épinière par la moelle allongée à travers le trou occipital; il envoie des filaments nombreux ramifiés, quelquefois communiquant entre eux, dans toutes les parties du corps. On pourrait le comparer à un bureau télégraphique central dans lequel arrivent toutes les dépêches de la province et de l'étranger, et qui envoie des ordres jusque dans les parties de l'État les plus éloignées.

Le *cerveau* (pl. XIX, XX, A; XVIII, 1-14; XXII, A, 1-12) remplit presque complètement la cavité du crâne; il est entouré de trois membranes qui se continuent sur la moelle épinière: La *pie-mère*, immédiatement en contact avec la substance nerveuse, est extrêmement riche en vaisseaux; elle enveloppe les circonvolutions cérébrales et s'enfonce dans les intervalles qui les séparent. L'*arachnoïde* (XIX; XX, B, 16) recouvre seulement la surface des circonvolutions et passe comme un pont de l'une à l'autre; elle est intimement unie à la pie-mère. La *dure-mère* (XIX; XX, B, 15, 15 *b*), l'enveloppe extérieure du cerveau, est appliquée à la surface interne des os du crâne et formée des replis ou *sinus* dans lesquels s'écoule le sang veineux venant du cerveau. (XVIII, A; XIX; XX, C, 4.)

Entre l'arachnoïde et la dure-mère se trouve, en petite quantité, un liquide appelé liqueur cérébro-spinale. Une lame verticale de la dure-mère, la *faux du cerveau*, s'étend entre les deux hémisphères; une lame horizontale, la *tente du cervelet*, sépare celui-ci des lobes postérieurs du cerveau et sert de point d'attache à la faux du cervelet, lame verticale qui se loge entre les hémisphères de ce dernier.

Le cerveau présente un grand nombre de circonvolutions analogues aux replis que fait l'intestin. On distingue à la surface du cerveau différents lobes ou groupes de circonvolutions, nommés d'après leur position: lobe frontal (pl. XVIII, A, 1; XIX; XX, E, 5), lobe pariétal (pl. XVIII, A, 2; XXII, A, 1), lobe temporal (XXII, 2), lobe occipital (XVIII, A, 3). Les hémisphères du cerveau sont unis par le corps *calleux* situé au-dessous de la faux du cerveau. (Pl. XVIII, A, 4; XIX; XX, E, 6; XXII, A, 3.) Au-dessous du corps calleux et sur ses côtés se trouvent des cavités appelées *ventricules* dans lesquelles on rencontre des éminences de formes particulières, des membranes, des vaisseaux dont la description détaillée nous conduirait trop loin, mais dont les figures, qui représentent des coupes du cerveau, peuvent donner une idée. (Pl. XVIII, A; XXII, A). Ces figures montrent aussi que la masse intérieure du cerveau est blanche en grande partie, tandis que les couches externes sont d'un gris rougeâtre. La substance grise du cerveau, ainsi que celle de la moelle épinière, contient un grand nombre de cellules nerveuses munies de prolongements qui les font communiquer entre elles et renferment un noyau. La substance blanche, au contraire, est formée exclusivement de fibres qui traversent le cerveau dans toutes les directions et se réunissent dans sa partie moyenne pour envoyer des prolongements à différentes parties du corps. La surface inférieure du cerveau avec les nerfs crâniens est représentée planches XIX; XX, A.

On compte douze paires de nerfs crâniens ; ils sortent du crâne par des ouvertures situées pour la plupart à sa base ; ce sont, en les énumérant d'avant en arrière :

I. Le *nerf olfactif.* Il se termine par un renflement connu sous le nom de bulbe olfactif, qui repose sur la face supérieure de la lame criblée. Ce bulbe envoie, par sa face inférieure, un grand nombre de filaments qui se distribuent à la muqueuse des fosses nasales. (Pl. XIX; XX, E, 7, 8.)

II. Le *nerf optique* se distingue surtout par l'entrecroisement qu'il forme avec celui de l'autre hémisphère avant sa sortie du crâne. Il pénètre dans l'orbite et dans le globe oculaire, dont il forme la membrane interne, appelée la *rétine* (Pl. XXIII, B, 13, 5). La dure-mère l'enveloppe comme une gaine jusqu'à son entrée dans l'œil, et se soude à la sclérotique.

III. Le *nerf moteur oculaire commun* naît du bord antérieur du pont de Varole (situé à la partie moyenne du cerveau) et se divise dans l'orbite en deux branches, dont l'une se porte en haut et en dedans pour gagner le muscle droit supérieur, et dont l'autre se ramifie dans le droit interne, le droit inférieur et le petit oblique.

IV. Le *nerf pathétique* est mince, il naît dans le voisinage des tubercules quadrijumeaux et se rend dans l'orbite pour se ramifier dans le grand oblique. Le muscle droit externe possède aussi un nerf particulier. (Voyez plus bas, VI.)

V. Le *nerf trijumeau* naît du bord externe du pont de Varole; il se compose de deux racines, l'une grosse, sensitive, l'autre petite, motrice. Ces racines, entourées par la dure-mère, se dirigent vers le sommet du rocher où la racine sensitive forme un ganglion dit *ganglion de Gasser*, qui se divise ensuite en trois branches.

Leurs principales ramifications sont visibles planche XXIV, C, 1-20. La branche supérieure, sensitive, *nerf ophthalmique* (1), est la plus faible ; elle fournit : le nerf lacrymal (3), le nerf frontal (1), le nerf nasal (5). La deuxième branche du trijumeau (sensitive), le nerf maxillaire supérieur (II) fournit : le rameau orbitaire (6) ou temporo-malaire, le nerf dentaire postérieur (12), le nerf dentaire antérieur (12), le nerf sous-orbitaire (8). La troisième branche, le nerf maxillaire inférieur (III), est formée par la réunion de la troisième division du ganglion de Gasser avec la petite portion du trijumeau (portion motrice) ; il forme deux groupes de nerfs dont l'un est essentiellement moteur et fournit des rameaux pour les muscles masticateurs, l'articulation temporo-maxillaire, le muscle temporal et le buccinateur ; l'autre fournit des nerfs sensitifs ; le nerf lingual (16), qui pénètre sous la muqueuse du plancher de la bouche, envoie des rameaux aux glandes sub-maxillaires et sub-linguales, se ramifie dans la substance de la langue, et se termine dans les papilles situées à la surface ; ensuite le nerf dentaire inférieur (18), qui fournit des rameaux aux dents, aux gencives et à la peau du menton.

Parmi les ganglions qui se rattachent au trijumeau, nous citerons : *a.* le ganglion de Meckel (14), qui envoie des filets à la muqueuse palatine (pl. XIX; XX, E, 10), à celle des fosses nasales (pl. XIX; XX, E, 11), du voile du palais (pl. XIX; XX, E, 12, 13), aux incisives supérieures (pl. XIX; XX, E, 14).

b. Le ganglion ophthalmique (pl. XIV, C, 23), situé dans l'orbite, entre le nerf optique et le muscle droit externe; ses filets, au nombre de 10-16, les nerfs ciliaires, entrent dans le bulbe oculaire dans le voisinage du nerf optique, et pénètrent à travers la choroïde jusqu'à l'iris et la cornée. (Pl. XXIII, B, 11 ; XXIV, B, 6.)

VI. Le *nerf moteur oculaire externe* naît du bord postérieur du pont de Varole, au sommet de la moelle allongée, et se ramifie dans le muscle droit externe de l'œil, après avoir pénétré dans l'orbite. (Compar. pl. XXIV, C, 21.)

VII. Le *nerf facial* naît des parties latérales de la moelle allongée, suit le même trajet que le nerf auditif (VIII) vers le conduit auditif interne, s'en sépare pour sortir à la surface et se ramifier en traversant la glande parotide. Il se divise en 8-10 branches qui fournissent les muscles superficiels de la face.

VIII. Le *nerf auditif* naît au-dessous de l'origine du facial ; il entre dans le méat auditif interne avec ce dernier nerf, et s'y divise en deux branches : l'une antérieure, cochléenne, se porte directement en avant ; elle est destinée au limaçon (pl. XXII, D, 7 ; E, 7) ; l'autre, postérieure, vestibulaire, gagne le vestibule et les canaux semi-circulaires. (Pl. XXII, C, 6, 7, 9, 10, 11.)

IX. Le nerf *glosso-pharyngien* naît de la moelle allongée, au niveau du sillon latéral, et forme, dans l'os temporal, un ganglion qui envoie des filets à la cavité du tympan et à la trompe d'Eustache. Il se divise en deux branches principales dont l'une (motrice) se rend aux muscles du pharynx, et l'autre (sensitive) aux amygdales, au voile du palais, aux papilles de la base de la langue, à la partie antérieure du larynx.

X. Le nerf *pneumo gastrique* sort de la moelle allongée au-dessous du glosso-pharyngien ; il se compose d'une portion cervicale, une portion thoracique et une portion abdominale. La partie cervicale envoie des filets à l'oreille, au pharynx et à la muqueuse du larynx. La partie thoracique envoie une branche récurrente qui gagne le larynx en remontant le long de la trachée et innerve tous ses muscles à l'exception du crico-thyroïdien ; elle envoie des branches nombreuses aux bronches et à l'œsophage (pl. XI, B, 9) et fournit des rameaux cardiaques. La portion abdominale se ramifie principalement dans la musculature de l'estomac ; elle envoie aussi des filets à la rate, au pancréas, à l'intestin grêle. (Pl. XVI, D, 11.)

XI. Le nerf *accessoire* ou *spinal* naît par deux sortes de racines : les unes, supérieures, sortent de la moelle allongée, et les autres, inférieures, de la moelle épinière ; il abandonne la cavité crânienne avec le pneumogastrique et le glosso-pharyngien, par le trou déchiré postérieur. Il se partage aussitôt en deux branches, antérieure et postérieure : la première forme, avec des rameaux du pneumogastrique, le plexus gangliforme; la seconde se termine dans le trapèze.

XII. Le nerf *grand hypoglosse* sort de la moelle entre les pyramides et les olives, abandonne la cavité crânienne par trou condylien antérieur, envoie des rameaux au plexus gangliforme, aux nerfs cervicaux, et se dirige en avant pour se ramifier dans les muscles de la langue. C'est un nerf essentiellement moteur.

Les hémisphères du *cervelet* sont situés dans la boîte crânienne, derrière le trou occipital, immédiatement au-dessous des lobes postérieurs du cerveau (XIX; XX, A, 5, 6); ils sont réunis par le *pont de Varole* (A, 11. — compar. planche XVIII, A, 11). Le centre du cervelet est occupé par de la substance blanche, au milieu de laquelle pénètrent profondément les lames de la substance grise située à la périphérie; l'aspect arborescent qu'il présente lui a fait donner le nom d'*arbre de vie* (Pl. XVIII, A, 13.)

La *moelle allongée* se trouve au-dessous du pont de Varole devant le cervelet (pl. XVIII, A, 12, 21; coupe transversale); on peut la regarder comme le commencement de la moelle épinière; elle présente en haut et en avant deux paires de renflements (les pyramides et les olives, XIX; XII, A, 12, *a*, 6), en arrière quatre cordons, dont les deux principaux corps, restiformes, se perdent dans la substance du cervelet.

La *moelle épinière* (pl. XIX; XX, B, 14-25) fait suite à la moelle allongée; elle s'étend dans le canal rachidien jusqu'à la première ou la deuxième vertèbre lombaire.

La moelle épinière présente deux sillons, postérieur et antérieur, et se compose d'un centre de matière grise entourée de substance blanche (comparez les coupes transversales XIX; XX, B, 21-25); elle envoie à la périphérie trente et une paires de nerfs. Chaque nerf rachidien possède deux racines; l'antérieure et la plus faible est motrice; la postérieure, plus volumineuse, est sensitive. Ces deux racines se réunissent pour se séparer bientôt après et former deux branches, l'une antérieure, l'autre postérieure, toutes deux composées de fibres sensitives et de fibres motrices. On divise les nerfs rachidiens comme il suit:

Huit nerfs cervicaux (pl. XIX; XX, B, 1, 1; — VIII, 8), douze nerfs thoraciques (B, IX, 1; — XX, 12), cinq nerfs lombaires (XXI, 1; — XXV, 5); cinq nerfs sacrés (XXVI; — XXX) un ou deux nerfs terminaux (XXXI.) On désigne la partie inférieure de la moelle épinière sous le nom commun de *queue de cheval*.

Parmi les nerfs rachidiens, nous mentionnerons seulement les suivants:

Nerfs cervicaux. — Quelques branches réunies à des portions du pneumogastrique forment un ganglion communiquant avec le nerf sympathique dont il sera parlé plus loin; d'autres s'anastomosent avec le nerf accessoire et le nerf grand hypoglosse. Le nerf phrénique naît par trois racines des troisième, quatrième et cinquième nerfs cervicaux; il arrive au diaphragme, après avoir traversé la cavité thoracique. Les branches postérieures cervicales innervent les muscles et la peau de la nuque; les branches antérieures des quatre nerfs cervicaux inférieurs, réunies au premier nerf thoracique, forment un plexus important, le *plexus brachial*.

Nerfs thoraciques. — Ces douze nerfs se ramifient dans les muscles et la peau du dos, dans la peau de la poitrine et la portion antérieure du péritoine.

Nerfs lombaires. — Ils envoient des branches aux muscles de l'abdomen, des lombes, aux muscles fessiers et à quelques muscles superficiels de la cuisse; ils fournissent aussi des nerfs cutanés.

Nerfs sacrés. — Branches très-fortes, qui sont surtout destinées aux membres inférieurs.

Le nerf terminal de la moelle épinière se perd dans les fibres musculaires du gros intestin. Le *nerf grand sympathique* (pl. XI, B, 11) est une dépendance du système cérébro-spinal; il est constitué par une chaîne ganglionnaire située de chaque côté de la colonne vertébrale. Il forme de nombreux plexus dans la poitrine et dans l'abdomen; sa portion cervicale présente trois ganglions et des plexus pour le larynx, la glande thyroïde et les vaisseaux du cou. La partie thoracique se compose de onze ganglions et de plexus innervant le cœur, l'aorte, les poumons, l'œsophage. La portion abdominale compte quatre ou cinq ganglions lombaires et le même nombre de ganglions sacrés; elle forme des plexus pour les viscères et les vaisseaux qui s'y rendent; le plus important est le *plexus solaire* situé derrière l'estomac.

Le sympathique préside aux mouvements de tous les organes pourvus de muscles lisses et à ceux du cœur, sur lequel le pneumogastrique agit comme nerf modérateur. Cette classe de mouvements n'est pas soumise à l'empire de la volonté. Le nerf sympathique contient aussi des éléments sensitifs, comme le prouvent les douleurs violentes que nous pouvons éprouver dans les viscères. Pour en revenir aux nerfs sensitifs en général, nous ferons remarquer qu'ils nous aident à percevoir les phénomènes nombreux qui sont en jeu dans la nature environnante. Ainsi nous ressentons au moyen de la peau les changements de température et la pression exercée sur elle par des corps étrangers; le nez apprécie les particularités de certaines substances gazeuses, la langue celle des substances liquides; l'oreille peut distinguer une variété infinie de vibrations sonores (bruits, sons, tons musicaux), et l'œil enfin perçoit les manifestations lumineuses (couleurs et formes).

Nous nous occuperons maintenant des organes des sens.

LA PEAU.

La peau est l'enveloppe externe du corps et en même temps l'organe du tact; elle remplit plusieurs fonctions importantes; par ses pores s'échappent l'acide carbonique, la vapeur d'eau et les sels devenus nuisibles ou inutiles à l'organisme; elle protège les muscles, les vaisseaux, les os; fraîche et souple dans la jeunesse, elle devient rude et flasque dans la vieillesse.

La peau est un organe composé de cellules épidermiques, de vaisseaux, de nerfs, de tissu conjonctif et adipeux. La figure E, planche XXI, en donne une représentation schématique.

Le tissu cellulaire sous-cutané repose sur les muscles et les tendons, se compose de tissu conjonctif très-lâche, riche en cellules adipeuses (XXI, E, 21); chez les gens maigres, il est au contraire très-pauvre en graisse.

Le *derme* (XXI, E, 3-19) n'est pas séparé très-nettement du tissu sous-jacent; les fibres du tissu conjonctif qui contribuent à le former sont entrelacées en faisceaux transversaux et longitudinaux (11-12), traversées par de minces fibres musculaires (10), par des vaisseaux (22-23) et par des nerfs (5). Le derme est parsemé, du côté de la surface de la peau, d'un nombre considérable de proéminences coniques nommées *papilles* (3-4), qui contiennent des anses vasculaires (3) ou des corpuscules du tact; il renferme aussi les glandes sudoripares, les glandes sébacées, et les racines des poils.

L'*épiderme* (XXI, E, 1, 2) se compose de deux couches de cellules; une superficielle ou couche cornée, et une couche profonde, couche muqueuse de Malpighi (2), dont les cellules sont molles et possèdent un noyau. La coloration et les taches de la peau sont dues à cette couche muqueuse qui contient chez les nègres une quantité considérable de dépôts pigmentaires.

La couche cornée se compose de cellules incolores, aplaties horizontalement, qui se détachent peu à peu à la surface et sont continuellement renouvelées par la couche muqueuse. On connaît l'épaisseur considérable que peut atteindre la couche cornée dans les endroits exposés au frottement, comme le talon et la plante des pieds.

Au bord des cavités intérieures, la peau se transforme et prend le caractère des muqueuses qui revêtent l'intérieur de beaucoup d'organes. Les membranes muqueuses sont riches en vaisseaux, et recouvertes d'un épithélium tantôt pavimenteux, comme dans la bouche, le pharynx, l'œsophage; tantôt cylindrique, comme dans l'intestin. Dans le nez, le larynx, la trachée, se trouve un épithélium à cils vibratiles (pl. XVIII, G, 1); ces cils, quelquefois au nombre de 20, sont animés d'un mouvement continu, indépendant de l'influence nerveuse.

Les *glandes sudoripares* (pl. XXI, 6) sont des tubes contournés, entourés d'un réseau capillaire, qui sécrètent un liquide, la sueur, composée en grande partie d'eau, et contenant des matières grasses, des acides, des sels et des cellules épidermiques détachées de la surface. Le conduit excréteur de ces glandes traverse le derme et se termine dans l'épiderme.

Les *glandes sébacées* (pl. XXI, E, 8) sont situées dans les couches supérieures du derme; ce sont des glandes en grappes, entourées aussi d'un réseau capillaire, et qui sécrètent une substance graisseuse destinée à entretenir la souplesse de la peau. Leurs conduits excréteurs (9) débouchent près de la racine des cheveux ou bien à la surface de la peau.

Les *cheveux* et les *poils* (pl. XXI, E, 13-19) sont enracinés assez profondément dans le derme; ils sont épaissis en un bulbe (18) contenant une papille vasculaire (19). La partie du poil implantée dans la peau est entourée d'une couche épidermique (14-15) et d'une couche dermique (13). Le poil lui-même se compose d'une couche corticale, d'une couche épidermique interne, et d'une substance médullaire (XXI, G, 1-5). Les muscles lisses contenus dans le derme font dresser les poils par leur contraction, et produisent le phénomène connu sous le nom de chair de poule.

Les *ongles* (pl. XXI, H, 1-8) sont, de même que les poils, des productions épidermiques; ce sont des lames cornées enchâssées dans un repli du derme, la rainure unguéale, et reposant sur une surface quadrangulaire appelée lit de l'ongle. L'extrémité postérieure, ou racine de l'ongle, est plus molle que le reste et cachée en grande partie sous la rainure unguéale, sauf quelquefois sa partie antérieure semi-lunaire qui constitue la lunule.

Les *papilles du tact* se trouvent situées dans les parties de la peau qui sont soumises le plus souvent au contact de corps étrangers; ce sont des papilles contenant un corpuscule du tact (pl. XXI, E, 4). Le bout des doigts, la face palmaire de la main, la face plantaire du pied, les lèvres, la pointe de la langue en contiennent un grand nombre. Au bout des doigts, il s'en trouve environ 30 par millimètre carré, et c'est pourquoi la main, grâce aussi à sa mobilité, est si propre à juger de la forme et de la nature des objets sans le secours de l'œil; le tact exquis dont elle est douée peut même permettre aux aveugles, comme on le sait, de lire les caractères en relief des livres et de la monnaie. Les corpuscules du tact sont des organes de forme ovalaire autour desquels une ou deux fibres nerveuses sont enroulées en spirale (pl. XXI, F, 4, 5, très-grossis) ou bien dans l'intérieur desquels une fibre nerveuse se termine.

Les papilles nerveuses de la peau du corps sont sous la dépendance des nerfs spinaux, celles de la peau du visage contiennent des filets venant du nerf trijumeau.

LA LANGUE.

La face supérieure de la langue est couverte de papilles nombreuses et de saillies qui lui donnent un aspect velouté particulier; elle est divisée en deux portions, par deux rangées de saillies formant par leur réunion un V ouvert en avant. Toute la partie antérieure de la langue est couverte de papilles particulières; on en distingue trois espèces : les unes, très-petites, les *papilles filiformes* (pl. XXI, A, 7; C, 2), paraissent destinées à diriger les liquides vers les papilles caliciformes, situées à la base de la langue et plus spécialement destinées aux fonctions gustatives.

Les *papilles fungiformes* (XXI, A, 8; C, 1) sont espacées irrégulièrement entre les papilles filiformes; ce sont de petites saillies rougeâtres arrondies en forme de massue; on les rencontre surtout sur les bords et à la pointe de la langue; elles paraissent destinées à la fonction du tact.

Les papilles filiformes et les papilles fungiformes sont innervées par la troisième branche du trijumeau (pl. XXIV, C, 16; XXI, B, 13; C, 8.)

Les papilles caliciformes (pl. XXI, A, 6), au nombre de 16 à 20, sont remarquables par leur grosseur; la plus volumineuse est située à la pointe du V lingual; les autres contribuent à le former; elles sont enfouies dans une dépression de la muqueuse, de manière à être entourées d'une rigole circulaire (C, 3); elles portent à leur surface de petites papilles dont la fonction n'est pas nettement connue. La paroi située dans la rigole contient plusieurs couches superposées d'organes en formes de bourgeons, nommés *calices gustatifs;* une seule papille en possède environ 500. La planche XXI, fig. D, 1, représente un de ces organes très-grossi. Il se compose de cellules placées comme les écailles d'un bourgeon et laissant à leur sommet une ouverture par laquelle les liquides peuvent pénétrer dans l'intérieur. Le calice gustatif ouvert (D, 2) laisse voir un grand nombre de filets nerveux, de formes singulières (D, 3-9), les dernières ramifications du nerf glosso-pharyngien. Comparez pl. XXI, A, 10; B, 12; C, 7.)

Nous désignons aussi le goût de certaines substances d'après l'impression qu'elles produisent sur notre nerf olfactif; cela tient à ce que la plupart des matières ingérées contiennent des gaz qui entrent immédiatement en contact avec les parois des fosses nasales en passant dans l'arrière-bouche.

LE NEZ.

Le nez (pl. XIX; XX, fig. E, 1), se compose d'une charpente en partie osseuse, en partie cartilagineuse, recouverte par des muscles et la peau. Une paroi cartilagineuse (F, 3; G, 3), continue en avant la lame perpendiculaire de l'ethmoïde et le vomer, et contribue à diviser la cavité du nez en une moitié gauche et une moitié droite complétement séparées. On compte encore deux paires de cartilages : les cartilages latéraux et les cartilages de l'aile du nez. Les *cartilages latéraux triangulaires* (F, 4; G, 4) sont situés au-dessous des os du nez proprement dits et se rattachent aux *cartilages de l'aile du nez* (F, 5; G, 5) auxquels se joignent en arrière les deux cartilages carrés (F, 6; G, 6); en avant, se trouvent aussi de petits cartilages accessoires.

La cavité des fosses nasales s'ouvre dans la paroi antérieure de l'arrière-bouche; elle communique avec les sinus frontaux, les cellules ethmoïdales et les sinus maxillaires.

L'ethmoïde, dont la lame perpendiculaire forme une partie de la cloison (H, 9) se divise latéralement en deux replis osseux que l'on nomme *cornet supérieur et cornet moyen* (H, 1, 2). Les cornets inférieurs sont des parties indépendantes (H, 3) formées aussi de substance osseuse. Ces trois cornets circonscrivent des anfractuosités appelées méats, tapissées par la muqueuse des fosses nasales. Le *méat supérieur* (H, 6; E, 1) est situé entre le cornet supérieur et le cornet moyen de l'ethmoïde; les fibres du nerf olfactif se ramifient principalement dans la région qu'il occupe (H, 8). Le *méat moyen* (H, 7; E, 2) se trouve entre le cornet moyen de l'ethmoïde et le cornet inférieur du nez; le *méat inférieur* est situé entre ce dernier et le plancher des fosses nasales.

Le méat moyen communique avec la cavité nommée sinus maxillaire ou antre d'Highmore (E, 4, H, 5); le méat supérieur avec les cellules ethmoïdales et les sinus frontaux (E. 16, 17, H, 4); le conduit lacrymal ou canal nasal débouche dans le méat inférieur.

La cavité des fosses nasales est tapissée par une muqueuse revêtue d'épithélium à cils vibratiles, excepté dans la région supérieure où se ramifie le nerf olfactif. Le bulbe (E, 7), situé sur la lame criblée de l'ethmoïde olfactif, envoie à travers les trous de cette lame deux rangées de filets nerveux qui se (H, 10) répandent sur la cloison et dans le méat supérieur des fosses nasales; ces filets communiquent entre eux (E, 8) et aboutissent à des cellules allongées situées dans la muqueuse (Fig. 1.)

La membrane olfactive ne peut remplir ses fonctions que si elle possède un certain degré d'humidité; cette humidité est entretenue en partie par la sécrétion de la muqueuse, en partie par le liquide qui pénètre à travers le canal nasal. La muqueuse des fosses nasales (fig. E) contient aussi quelques filets nerveux venant du trijumeau; nous mentionnerons seulement le rameau ethmoïdal du nasal (15), qui est une branche du nerf lacrymal; de là vient la sécrétion de larmes que causent ordinairement les substances irritantes en agissant sur la muqueuse du nez. D'un autre côté, la poussière et certaines excitations mécaniques ou thermiques provoquent l'éternument en agissant sur les filets terminaux de ce nerf.

L'OREILLE.

Les nerfs du tact, du goût, de l'odorat se terminent d'une façon assez simple près de la surface de la peau ou de la muqueuse; il n'en est pas de même pour les sens plus hautement organisés de la vue et de l'ouïe. Ici les nerfs aboutissent à des organes très-compliqués et très-parfaits en même temps. Ce qu'on désigne dans la vie commune sous le nom de l'oreille, n'est pas l'appareil de l'ouïe, mais une de ses parties les plus grossières, servant simplement à réfléchir et renforcer les sons.

L'appareil auditif se divise en trois parties, l'oreille externe, l'oreille moyenne et l'oreille interne; la planche XXII représente les détails principaux de sa structure.

L'oreille externe se compose du pavillon de l'oreille et du conduit auditif externe.

Le *pavillon de l'oreille* (XXII, A, 13, compar. IX, A, et XVII, E.) a la forme d'une sorte de coquille irrégulière, il présente des saillies caractéristiques (l'hélix, l'anthélix, le tragus, l'antitragus) et possède des muscles destinés à le faire mouvoir, mais atrophiés chez un grand nombre d'individus. (Comparez pl. IX, A, 25, 26, 27.)

Le *conduit auditif* externe (XXII, A, 14, 15) est fermé à son extrémité interne par la membrane du tympan (16), il se compose d'une portion cartilagineuse (14) et d'une portion osseuse (15); la peau qui le tapisse est garnie de cils et présente un grand nombre de glandes sébacées dont la sécrétion entretient la souplesse des parois de l'oreille.

Le *tympan* (16) est une membrane ovale, fixée dans un cercle osseux du temporal; elle est convexe en dedans et concave en dehors et se compose de trois couches minces; une couche épidermique, une couche de tissu conjonctif et une muqueuse. La cavité du tympan (18), nommée aussi oreille moyenne, est en rapport avec le pharynx par la *trompe d'Eustache* (23), canal formé comme le conduit auditif externe d'une portion osseuse et d'une portion cartilagineuse. La paroi postérieure de la cavité du tympan présente deux ouvertures qui communiquent avec l'oreille interne. La supérieure, *fenêtre ovale* (C, 6), est fermée par l'étrier; elle conduit dans le vestibule du labyrinthe; l'inférieure, *fenêtre ronde* (C 1), fermée par une membrane mince, conduit à la rampe tympanique. La partie supérieure de la caisse du tympan est occupée en partie par les osselets de l'oreille; le marteau est fixé au tympan, l'enclume se place entre lui et l'étrier fixé à la fenêtre ovale.

Le *marteau* (B, *a*) présente une tête (1), un col (2) et trois apophyses (3, 4, 5); le manche (3) est uni intimement à la membrane du tympan, deux muscles (tensor et laxator tympani) peuvent le mettre en mouvement.

L'*enclume* (B, *b*) présente une facette qui s'articule avec la tête du marteau; elle est fixée à la membrane du tympan par son apophyse supérieure, épaisse et courte (2); sa longue apophyse (3) porte à son sommet l'os lenticulaire (4) qui s'articule avec l'étrier

L'*étrier* (B, *c*) est mû par un petit muscle qui lui est propre; ses branches (2) portent une base qui est reçue dans la fenêtre ovale.

Le *labyrinthe*, ou oreille interne (A, 19, 20, 21), se compose de trois parties : une moyenne qui fait suite à la caisse du tympan, le vestibule; une postérieure formée par les trois canaux demi-circulaires; une antérieure, le limaçon. La fig. C représente le labyrinthe ouvert par une coupe verticale et grossie environ dix fois. Le labyrinthe contient un liquide destiné à transmettre à la membrane de Corti les vibrations des sons.

Le *vestibule* (C, 5) est en communication directe avec les trois canaux semi-circulaires et la rampe vestibulaire. Il se trouve mis en rapport avec la cavité du tympan par la fenêtre ovale ; il reçoit par une ouverture (8) des vaisseaux sanguins, et il est séparé par une crête transversale en deux fossettes qui contiennent des cristaux nommés otolites (C, 6, 7).

Les canaux semi-circulaires (A, 21, C, 9, 10, 11), excepté deux, qui se réunissent à leur extrémité pour déboucher dans un conduit commun, ont chacun deux orifices s'ouvrant dans le vestibule : un de ces orifices est ampullaire, c'est-à-dire présente une petite dilatation.

Le limaçon (C, 3, 2) est la partie la plus importante de l'oreille ; il forme deux tours et demi de spire et se divise à l'intérieur en trois canaux appelés rampes, séparés par une lamelle osseuse (D, 4 ; E, 4) et par la membrane basilaire (D, 5) et la membrane de Reissner (D, 6 ; E, 6).

La rampe tympanique (C, 2 ; D, 1 ; E, 1) communique par la fenêtre ronde (C, 1) avec la cavité du tympan ; la rampe vestibulaire (C, 3 ; D, 3 ; E, 3) avec la partie antérieure du vestibule (C, 6). Entre les deux, se trouve la rampe moyenne (D, 2,) limitée par la membrane de Reissner (D, 6 ; E, 6) et la membrane basilaire.

Cette dernière porte l'organe de Corti, représenté fig. E, vu de côté. On rencontre d'abord sur la lame spirale, traversée par les nerfs cochléens, le bourrelet de Huschke, ou dents de la première rangée de Corti (8), s'étendant jusqu'à l'origine de la membrane de Reissner (6) ; puis l'article interne (11) et l'article externe (12) de l'organe de Corti qui forment, par leur réunion, une sorte d'arc sur le sommet duquel repose la membrane réticulaire (14) qui s'étend jusqu'à la lame spirale. Les cellules de Corti (15), analogues à des cellules épithéliales à cils vibratiles, sont situées entre la membrane réticulaire et la membrane basilaire ; elles sont soutenues par les cellules de Deiters (16) qui leur sont entremêlées. Enfin on remarque trois groupes de cellules nerveuses : entre le bourrelet de Huschke et l'article interne de l'organe de Corti, les cellules sphériques (10) ; près de l'article interne, les cellules basilaires internes (13) ; entre les cellules de Corti et la lame spirale, les cellules de Claudius. La membrane basilaire porte encore une série de bâtonnets très-nombreux, de longueurs différentes (non représentés sur la figure), et la membrane de Corti (9), qui lui est parallèle, recouvre par en haut l'organe du même nom.

Les vibrations sonores, arrivant du dehors, ébranlent la membrane du tympan et l'intermédiaire des osselets qui s'y rattachent ; elles se propagent jusqu'au labyrinthe. Le liquide contenu dans les cavités de cet organe les transmet en dernier lieu à la membrane basilaire et aux fibres de Corti. Les bâtonnets longs entrent vraisemblablement en vibration pour les sons bas, et les courts pour les sons élevés. Enfin les cellules et les fibres de Corti propagent l'ébranlement jusqu'aux dernières ramifications du nerf auditif qui les transmet au cerveau.

L'ŒIL.

Nous nous occuperons en premier lieu des organes accessoires de l'œil ; les paupières, l'appareil lacrymal, et les muscles.

Les *paupières* (pl. XXIV, E, D, 1, 2 ; XXIII, A, 9, 10) sont des replis membraneux dont les bords circonscrivent la fente palpébrale ; leur face postérieure est tapissée par une membrane muqueuse : la *conjonctive* (E, 4), ainsi nommée parce qu'elle se rattache d'un côté à la peau, et de l'autre à la sclérotique de l'œil (XXIII, B, 16, 17). La conjonctive forme, à l'angle interne, un repli semi-lunaire (XXIV, D, 4) ; elle est soudée dans la partie palpébrale aux cartilages tarses situés dans l'épaisseur des paupières. Les tarses contiennent dans leur épaisseur les glandes de Meibomius (E, 3,) ; ce sont des glandes sébacées, au nombre de quarante environ dans la paupière supérieure, de vingt-cinq dans la paupière inférieure (D, 2) ; elles sont allongées et munies de culs-de-sacs latéraux, situés de chaque côté du canal excréteur. Des fibres de l'orbiculaire des paupières servent à l'occlusion de ces organes (pl. IX, A, 4) ; la paupière supérieure possède un muscle élévateur.

L'appareil lacrymal (XXIV, D) se compose des glandes lacrymales et d'un système de canaux qui conduisent le liquide sécrété dans la cavité des fosses nasales. Les glandes lacrymales (3, compar. XXIII, A, 8) sont situées à la partie supérieure et externe ; chaque glande se compose de deux parties : une partie supérieure ou arbitraire, et une partie accessoire ou palpébrale ; elle possède environ dix conduits excréteurs, débouchant isolément.

Les larmes baignent le globe de l'œil et le débarrassent des poussières qui pénètrent par la fente palpébrale ; elles se rassemblent entre la caroncule lacrymale (3) et le repli semi-lunaire pour pénétrer à travers les points et les conduits lacrymaux (6, 7) dans le sac lacrymal (8) et le canal nasal (9). Le produit sébacé des glandes de Meibomius empêche ordinairement les larmes de s'écouler en dehors des paupières ; c'est seulement quand la sécrétion en devient exagérée, qu'elles s'échappent et se répandent sur les joues.

L'appareil moteur du globe de l'œil comprend six muscles. Quatre d'entre eux, les muscles droits (XXIII, A, 2, 3, 4, 5, compar. B, 21,) s'attachent en haut, en bas, à droite et à gauche ; les deux autres, les muscles obliques, s'attachent sur le segment postérieur du globe de l'œil, non loin de l'entrée du nerf oblique. L'oblique supérieur part du fond de l'orbite et passe dans un anneau cartilagineux attaché dans une dépression du frontal (poulie du grand oblique) avant de se réfléchir sur le globe de l'œil ; le petit oblique naît de la paroi inférieure et interne du rebord orbitaire. Il existe encore un septième muscle, le releveur de la paupière supérieure, innervé par une branche du nerf moteur oculaire commun, qui fournit aussi des branches à tous les muscles droits, à l'exception du droit externe auquel se rend le sixième nerf crânien. L'oblique supérieur est innervé par le nerf pathétique ; l'oblique inférieur reçoit un rameau de la troisième paire. Le ganglion ophthalmique situé entre le droit externe et le nerf optique reçoit une branche du trijumeau, une autre, du nerf moteur oculaire commun, et une troisième du grand sympathique (XXIV, C, 23) ; il envoie des filets (C, 22) aux muscles internes du globe de l'œil (XXII, B, 11 ; XXIV, B, 6).

Le *globe de l'œil* est formé de deux membranes : l'extérieure complétement fermée en avant et la seconde présentant une ouverture circulaire. Elles sont traversées en arrière par le nerf optique qui s'étale à l'intérieur du globe de l'œil. La figure B, pl. XXIII, est un schéma qui représente la structure de l'œil ; la moitié droite montre l'épaisseur relative des membranes, la moitié gauche les détails de la circulation.

La *sclérotique* (XXIII, B, 1) est blanche, résistante, plus bombée dans sa partie antérieure, la cornée transparente, (2) qui présente à son pourtour un vaisseau circulaire, le canal de Schlemm (19). La sclérotique est percée à sa partie postérieure de trous nombreux pour le passage des fibres du nerf optique (2, 9, 10, 14). La surface antérieure de la cornée est recouverte par un épithélium faisant suite à celui de la conjonctive ; la surface postérieure possède aussi une couche éphithéliale. La *choroïde* (B, 3) s'étend depuis l'entrée du nerf optique jusqu'au limbe de la cornée, où elle se continue avec l'iris (4) qui possède une ouverture circulaire, la *pupille*, à travers laquelle les rayons lumineux pénètrent dans l'œil. La choroïde et l'iris sont traversés par un grand nombre de vaisseaux (B, à gauche, 20) et de nerfs. A ces deux membranes se rattache la couronne ciliaire (11) située derrière l'iris, et constituée par soixante-dix ou quatre-vingts replis appelés procès ciliaires ; le muscle ciliaire, situé à la partie externe en contact avec la sclérotique, est tenseur de la choroïde et dilatateur de la pupille ; des fibres musculaires, situées en cercle au bord de l'iris, constituent le sphincter de l'iris.

Le globe de l'œil est rempli en grande partie par *le corps vitré* (10), sphère transparente creusée en avant d'une fosette qui reçoit le cristallin (9). Le corps vitré se compose d'une substance gélatiniforme, homogène, filante, contenue dans une membrane mince, transparente, l'hyaloïde (14) ; celle-ci se divise en deux feuillets divergents qui se rattachent au cristallin ; le feuillet antérieur se nomme zone de Zinn ; l'espace compris entre eux est le canal de Petit (12).

La chambre antérieure de l'œil (6) est comprise entre l'iris et la face postérieure de la cornée ; *la chambre postérieure* (7) est limitée en avant par la face postérieure de l'iris, en dehors par la partie antérieure des procès ciliaires, en arrière par la zone de Zinn. Ces deux espaces sont remplis par l'humeur aqueuse, liquide clair et incolore. (Voyez pl. XXIX, figure B, les détails de cette partie de l'œil.)

Le *cristallin* (XXIII, B, 9), situé entre la pupille et l'humeur vitrée, est un corps transparent, tout à fait analogue pour son action aux lentilles des instruments d'optique. Il réfracte comme celles-ci les rayons lumineux ; grâce au muscle ciliaire (B, 11) qui fait varier sa courbure, il s'accommode aussi bien pour la vision rapprochée que pour la vision éloignée.

Le *nerf optique* (B, 13), par son expansion dans l'intérieur de l'œil, forme la *rétine* (5), désignée souvent comme la troisième membrane de l'œil ; à son entrée dans le globe oculaire, il produit une tache blanche, nommée papille du nerf optique, de laquelle partent les vaisseaux centraux de la rétine (XXIII, G.). La partie de cette membrane la plus sensible à la lumière est située en dehors de la papille, dans l'axe de l'œil ; on l'a nommée tache jaune (B, 14), à cause de la couleur qu'elle présente sur le cadavre.

La rétine se compose d'un certain nombre de couches : couche ganglionnaire, couche granuleuse, bâtonnets, cônes, figurés planche XXIII, C, 7, *b*, *g*, et planche XXIV, A, 1-10.

FIN

Imprimerie D. BARDIN, à Saint-Germain.

Paris, J. Bonhoure & Cie Libraires-Éditeurs, Rue de Lille, 48.

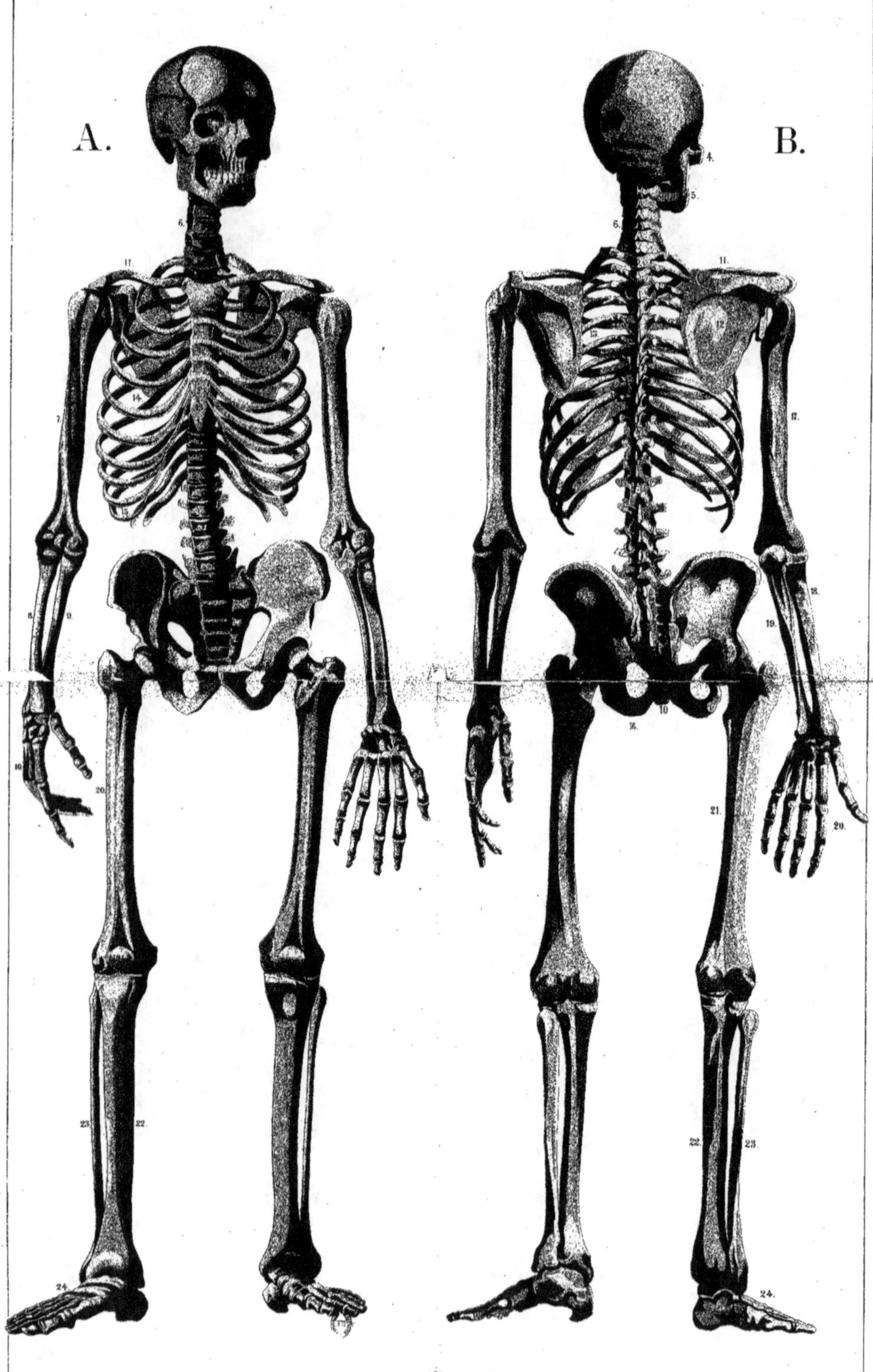
A.
B.

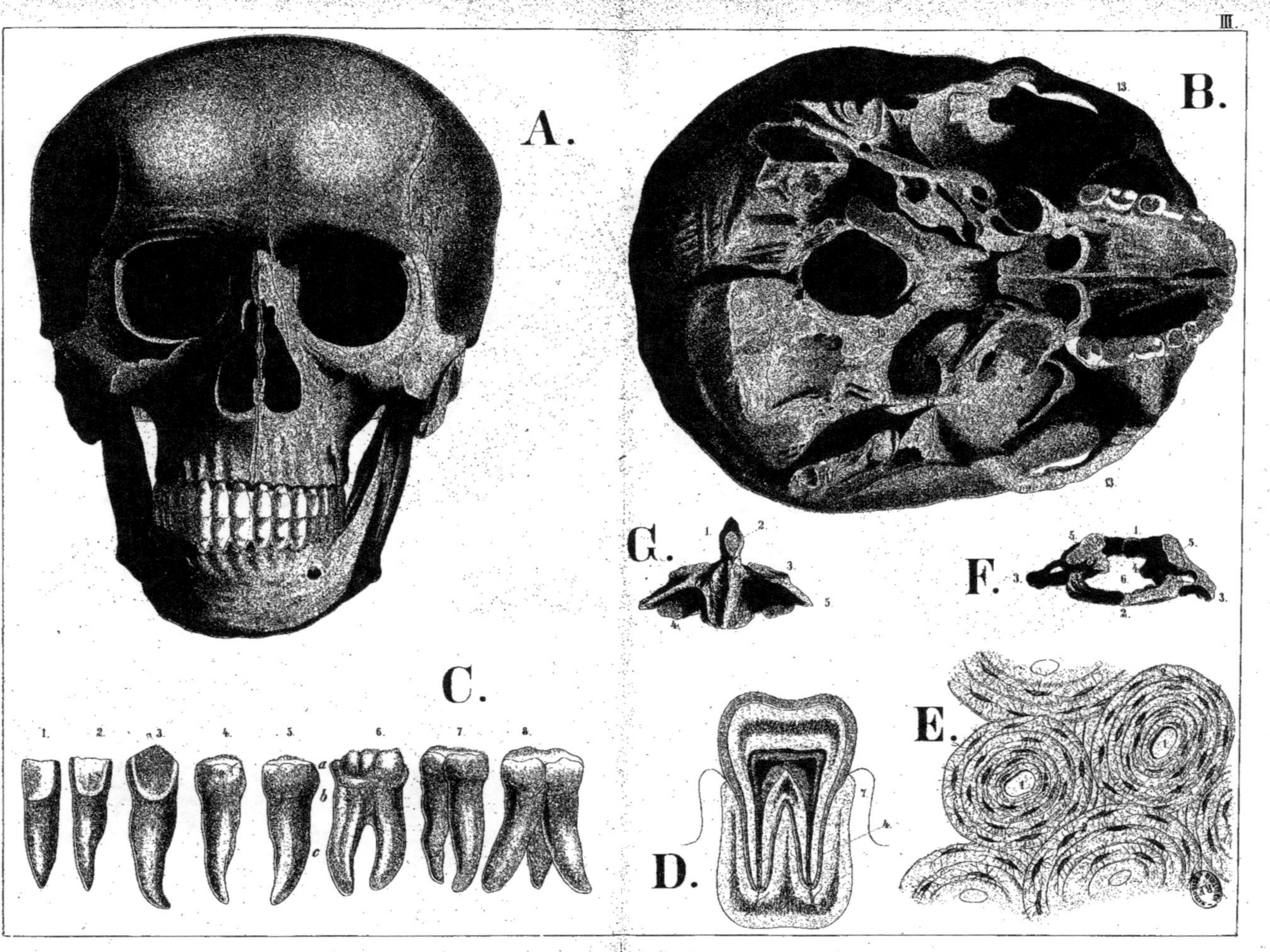
III.
A.
B.
C.
D.
E.
F.
G.

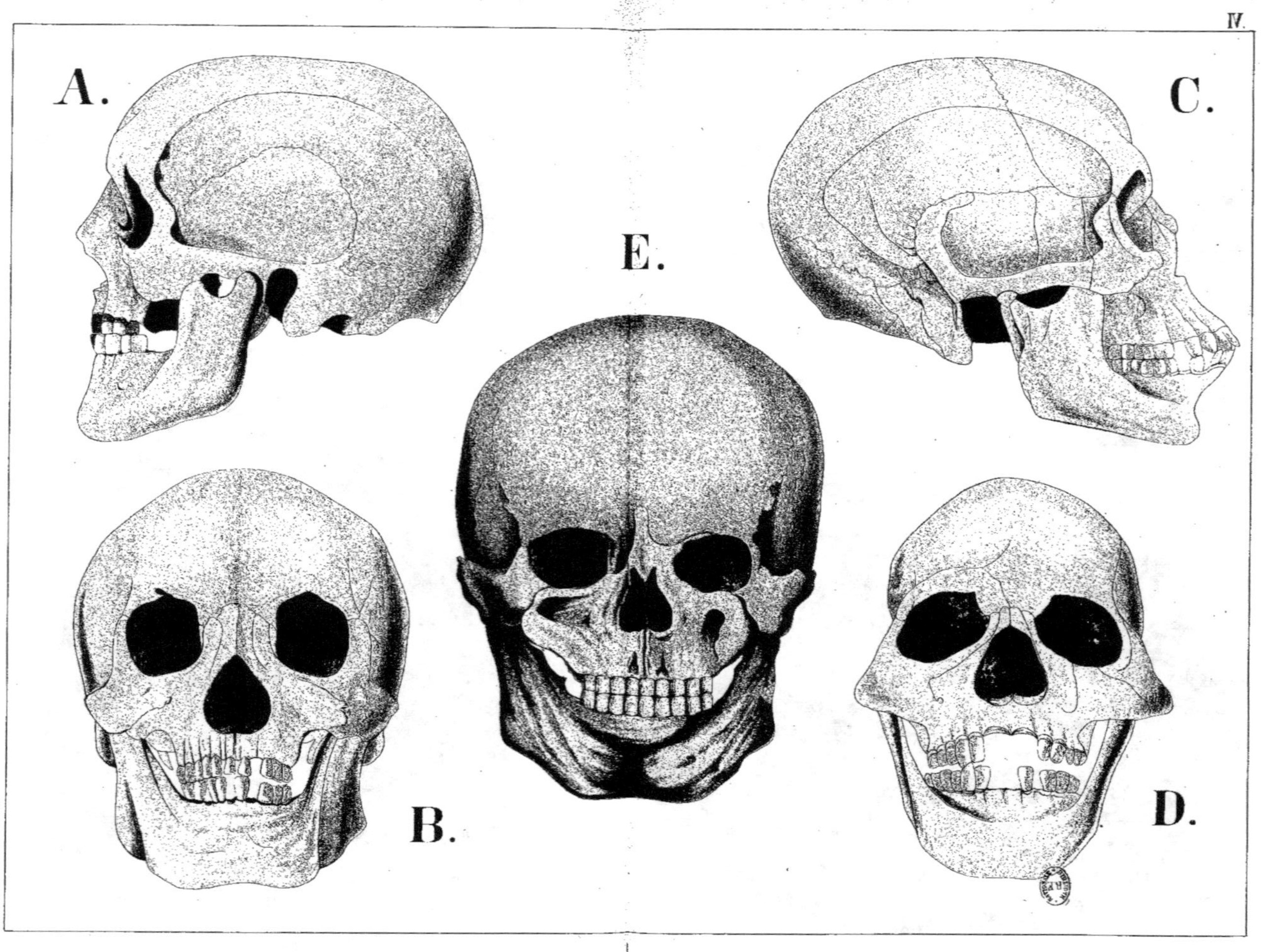
A.
C.
E.
B.
D.

V.

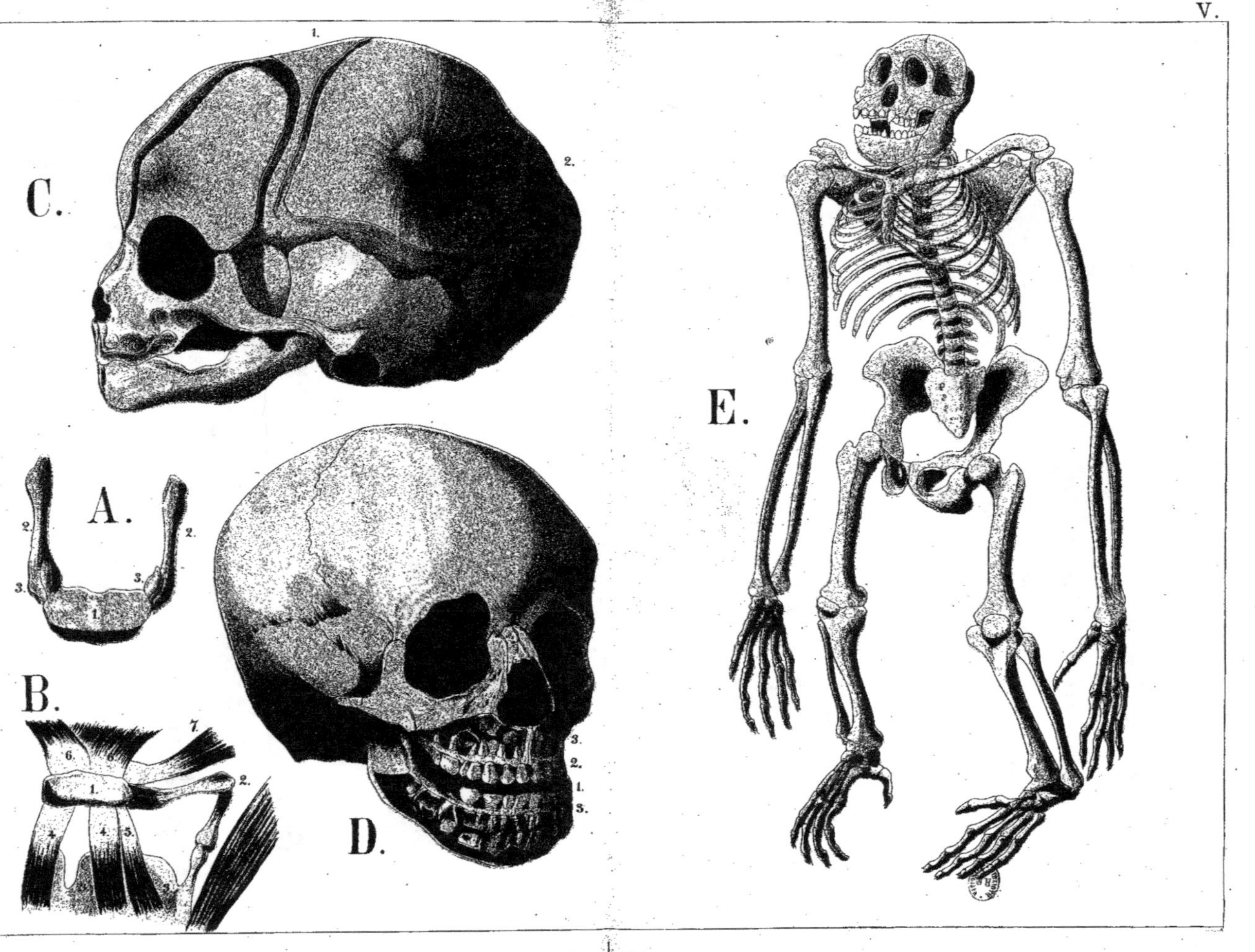

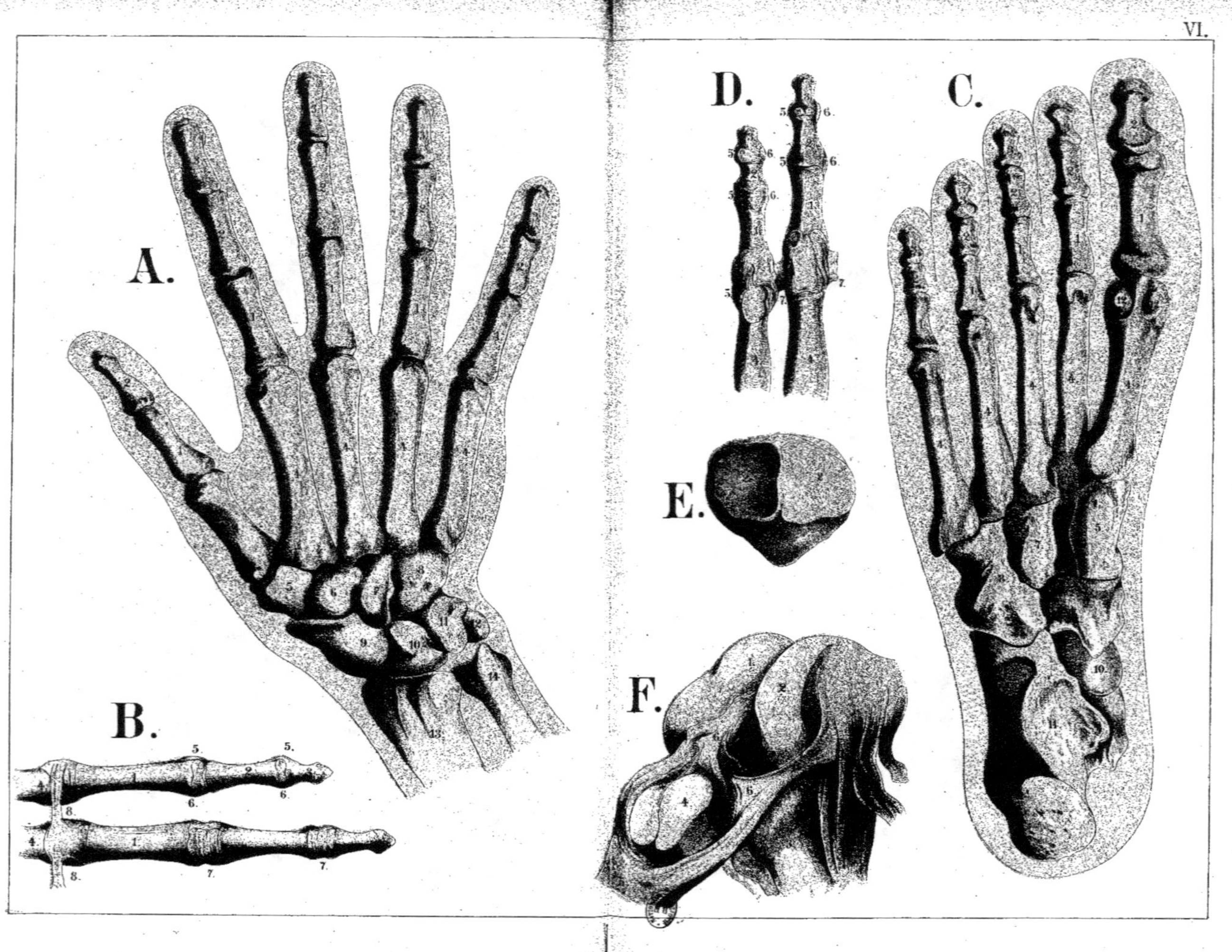
A.
B.
C.
D.
E.
F.

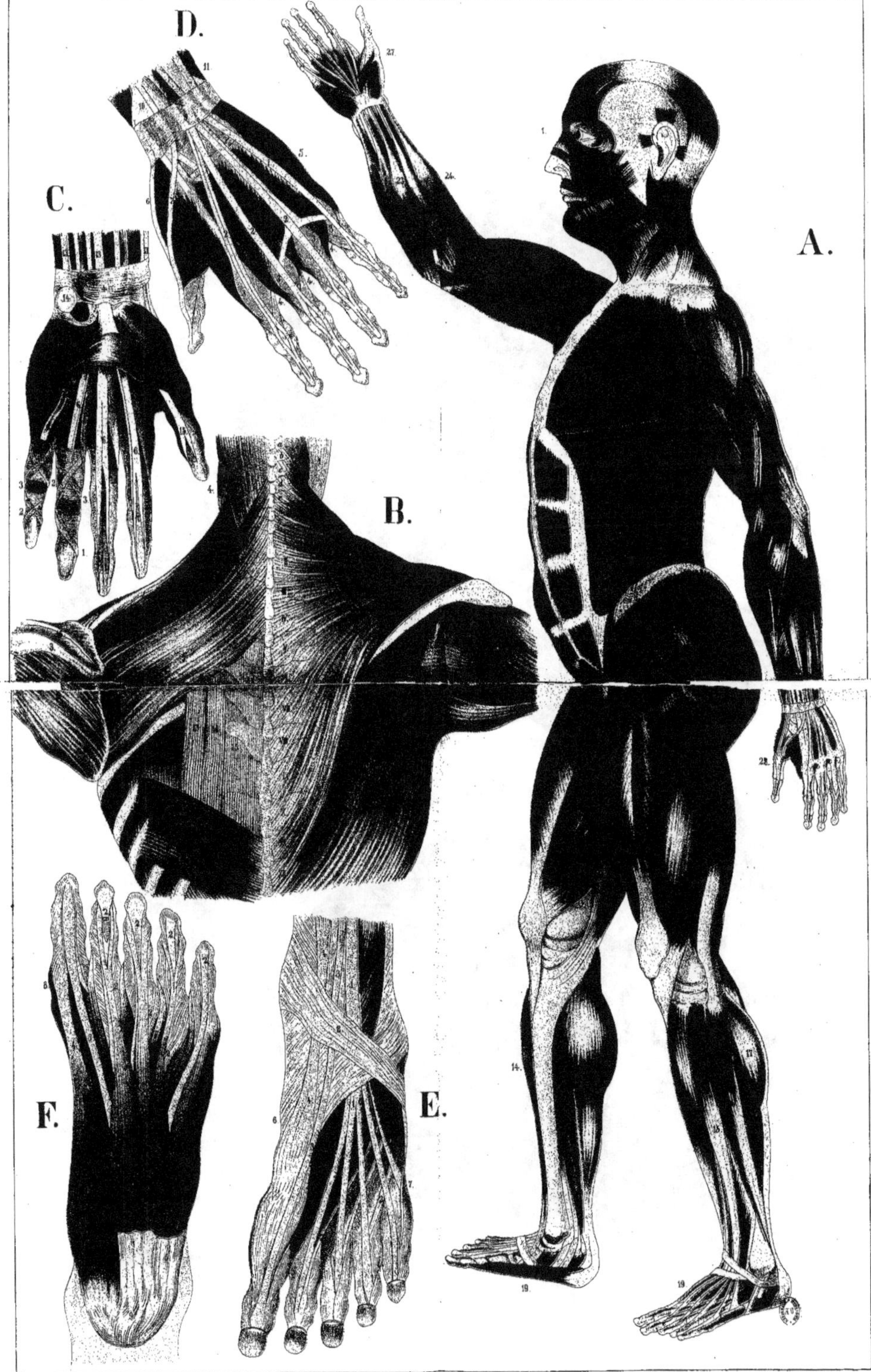
D.
C.
A.
B.
F.
E.

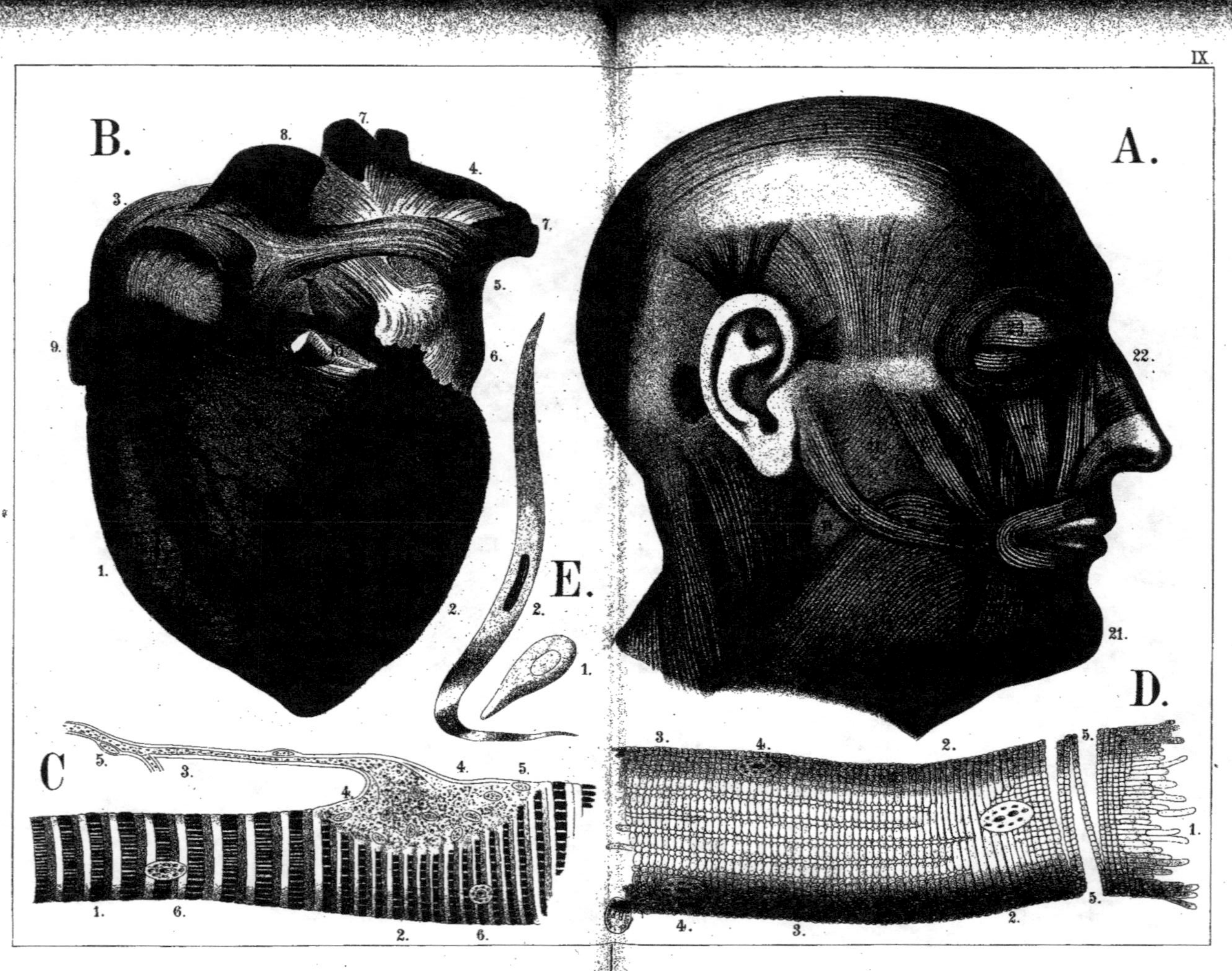
B.
A.
C.
D.
E.

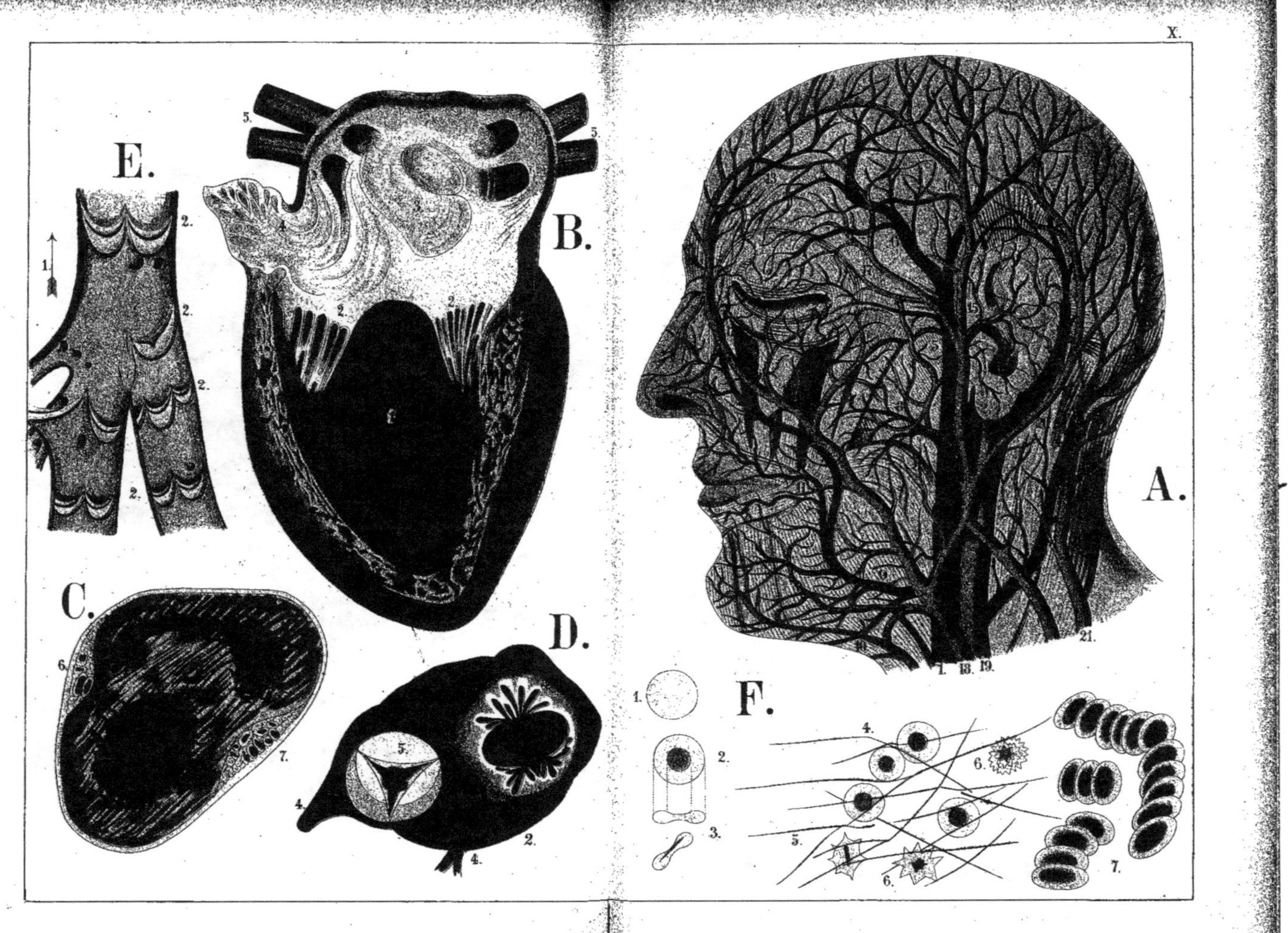
A.
B.
C.
D.
E.
F.

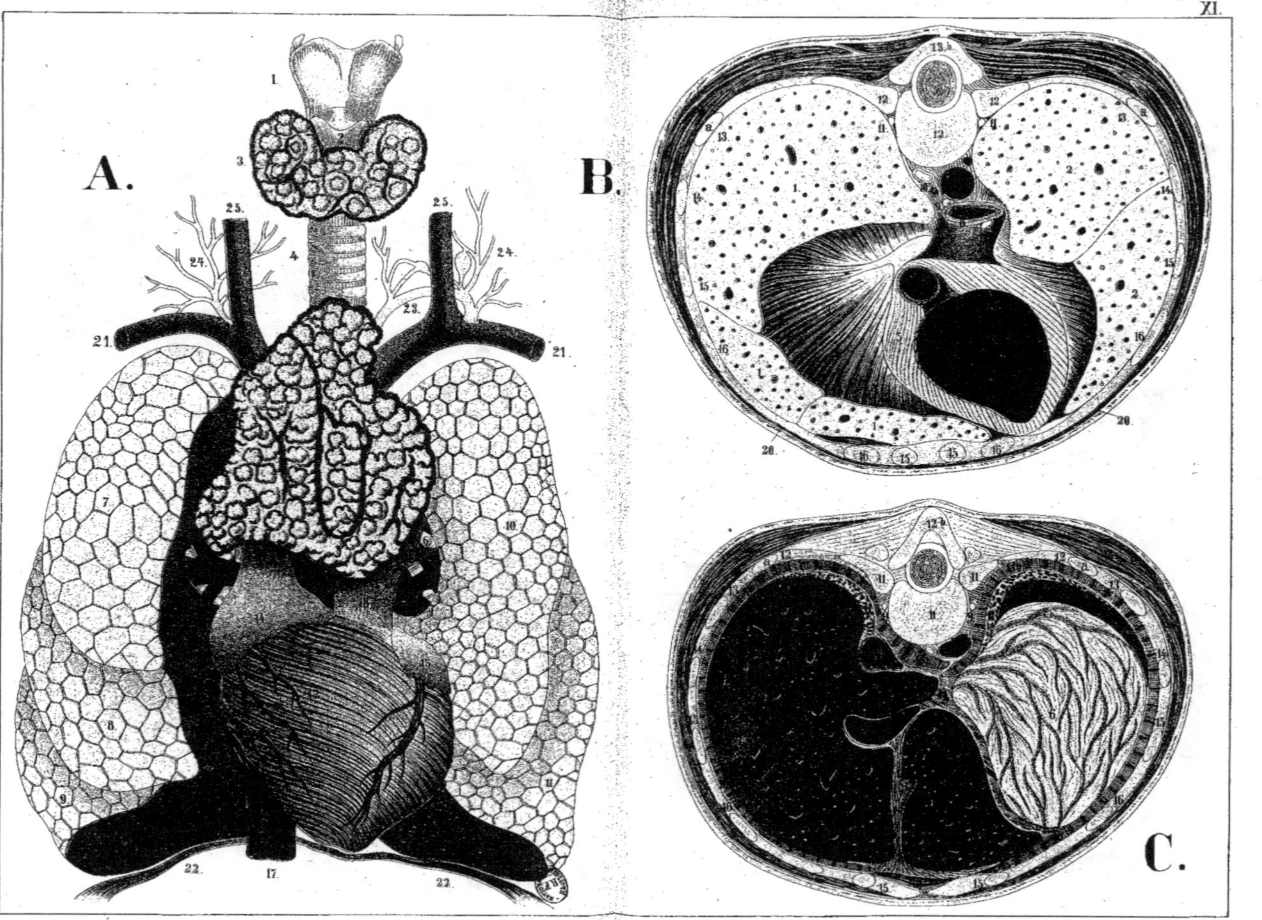
A.
B.
C.

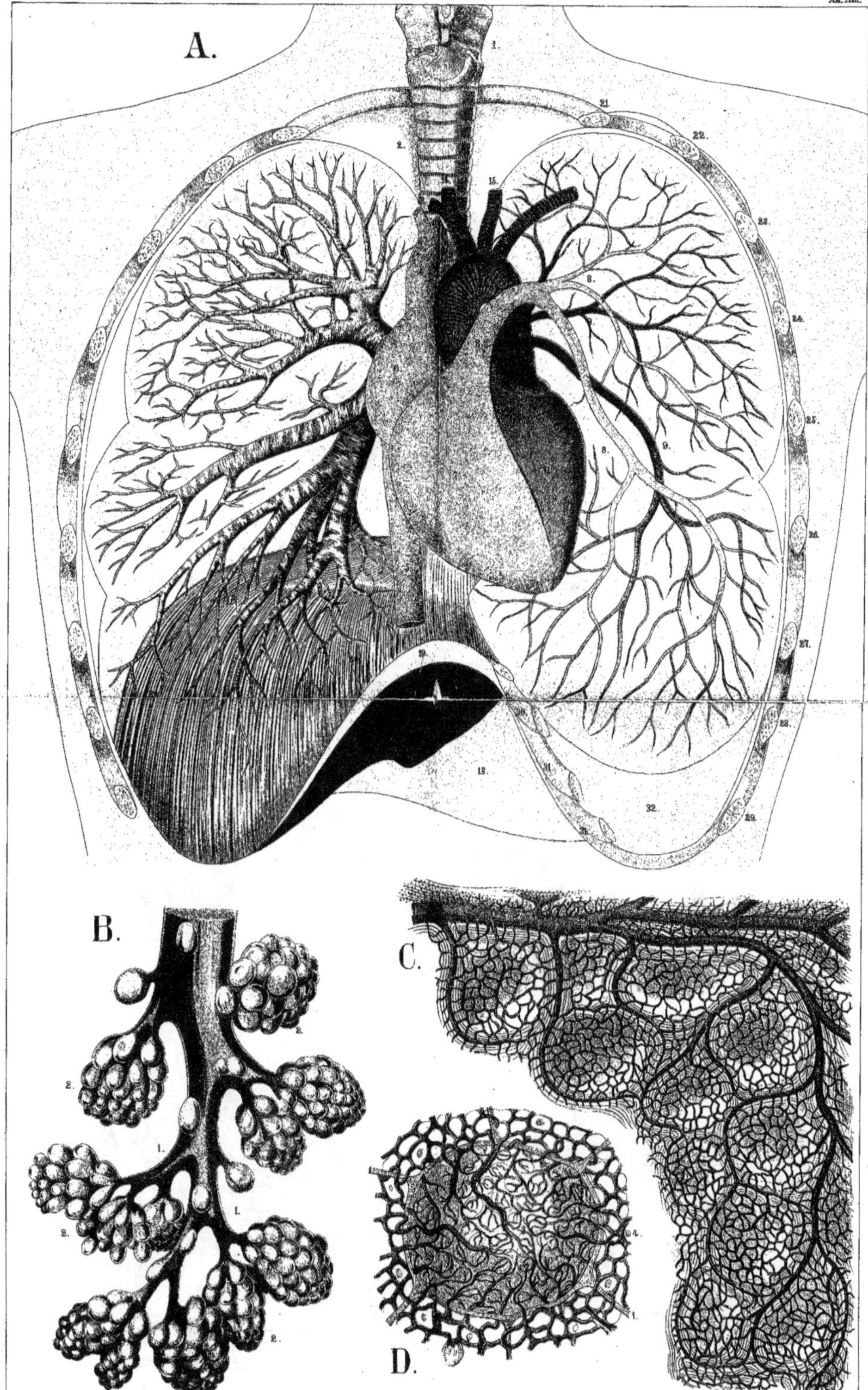
A.
B.
C.
D.

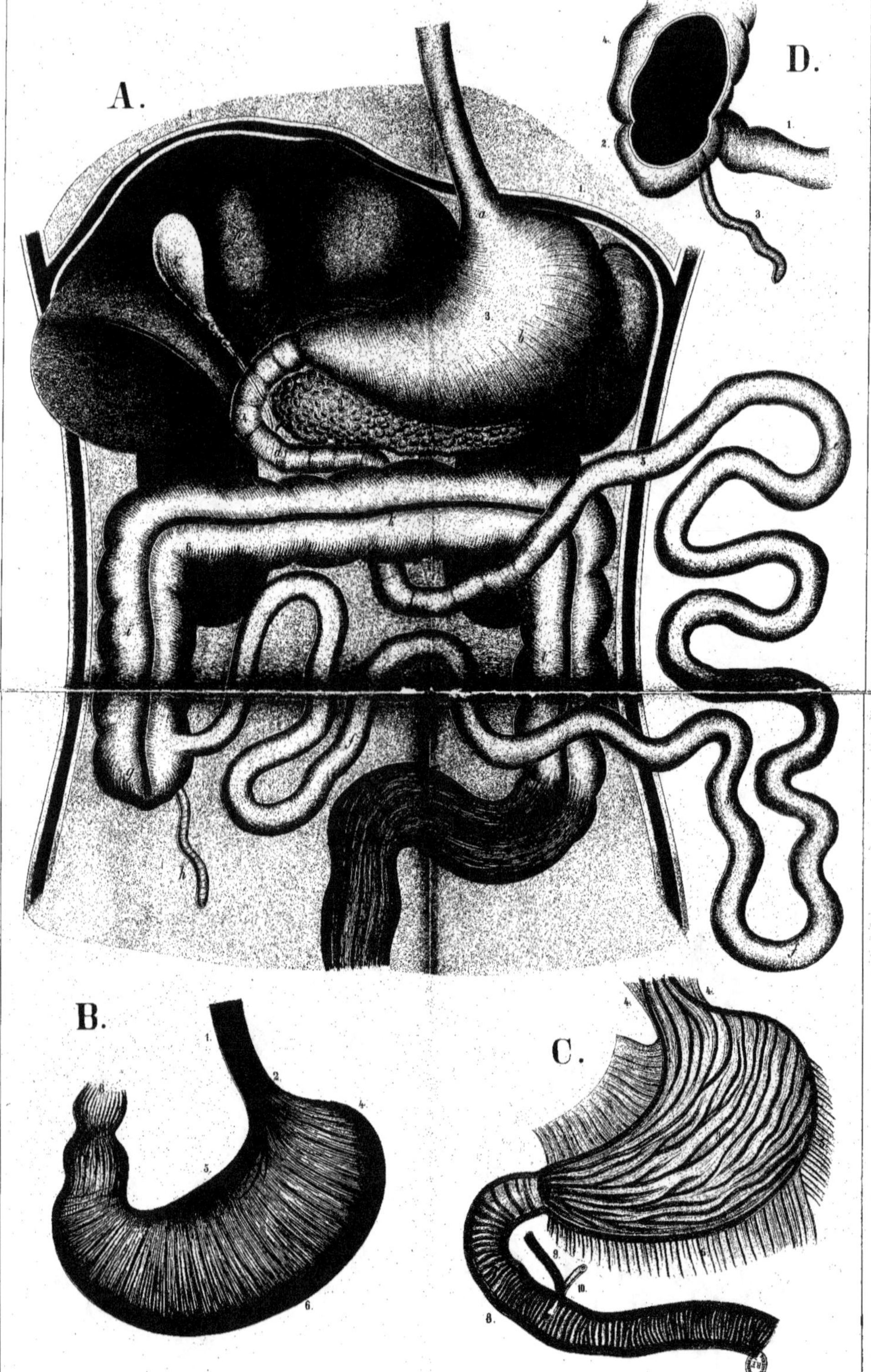
A.
B.
C.
D.

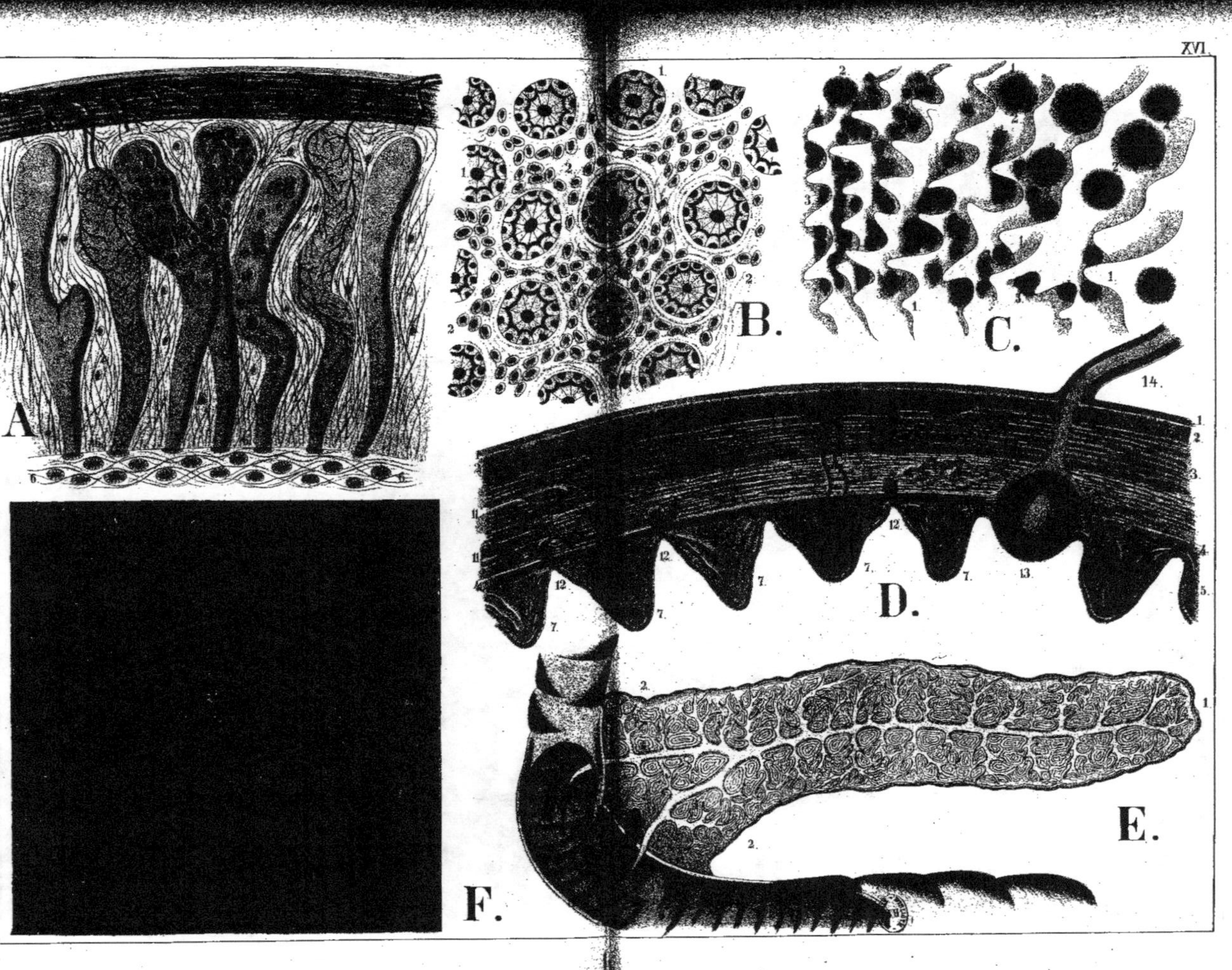

XVI.
A.
B.
C.
D.
E.
F.

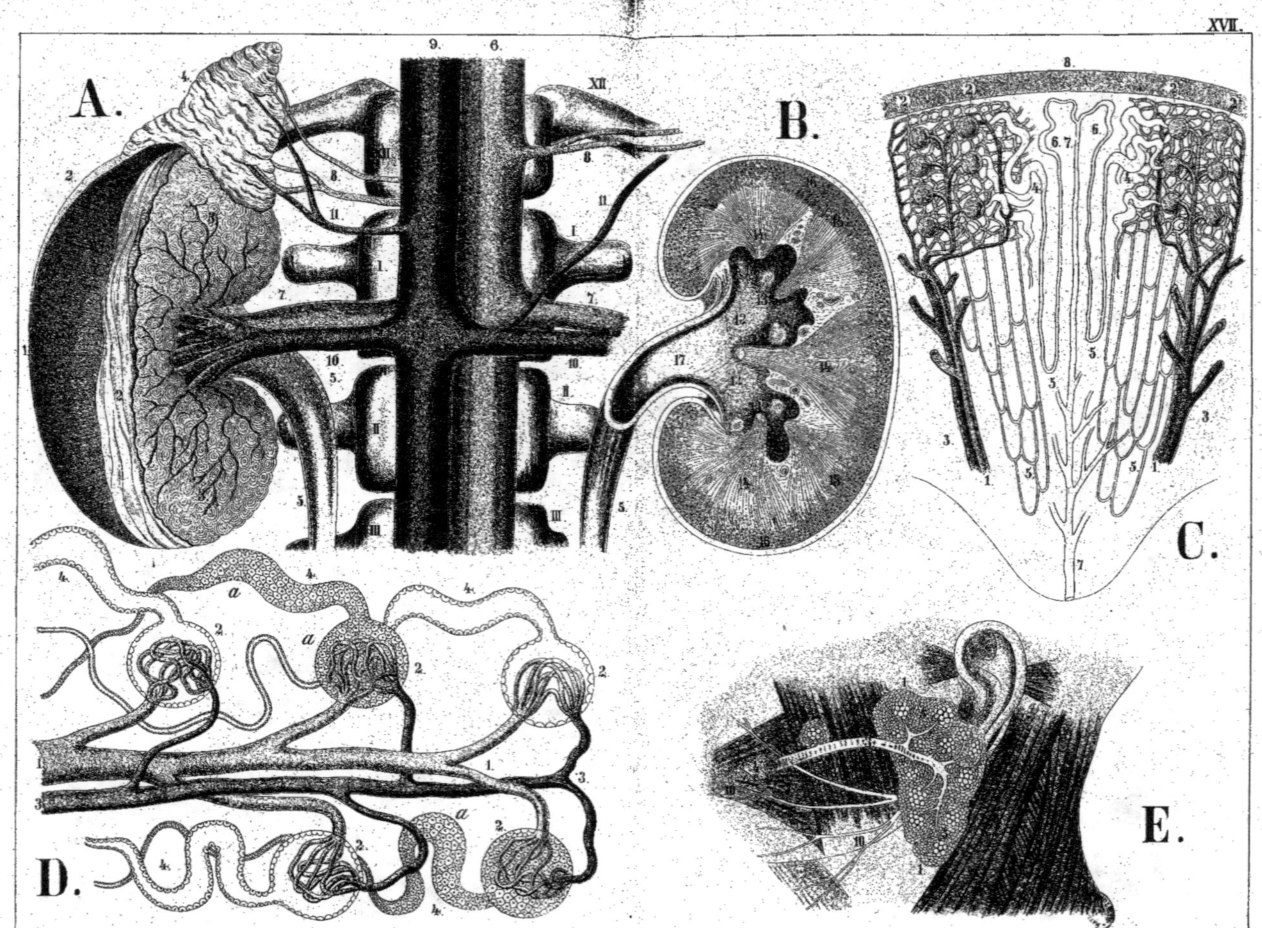
A.
B.
C.
D.
E.

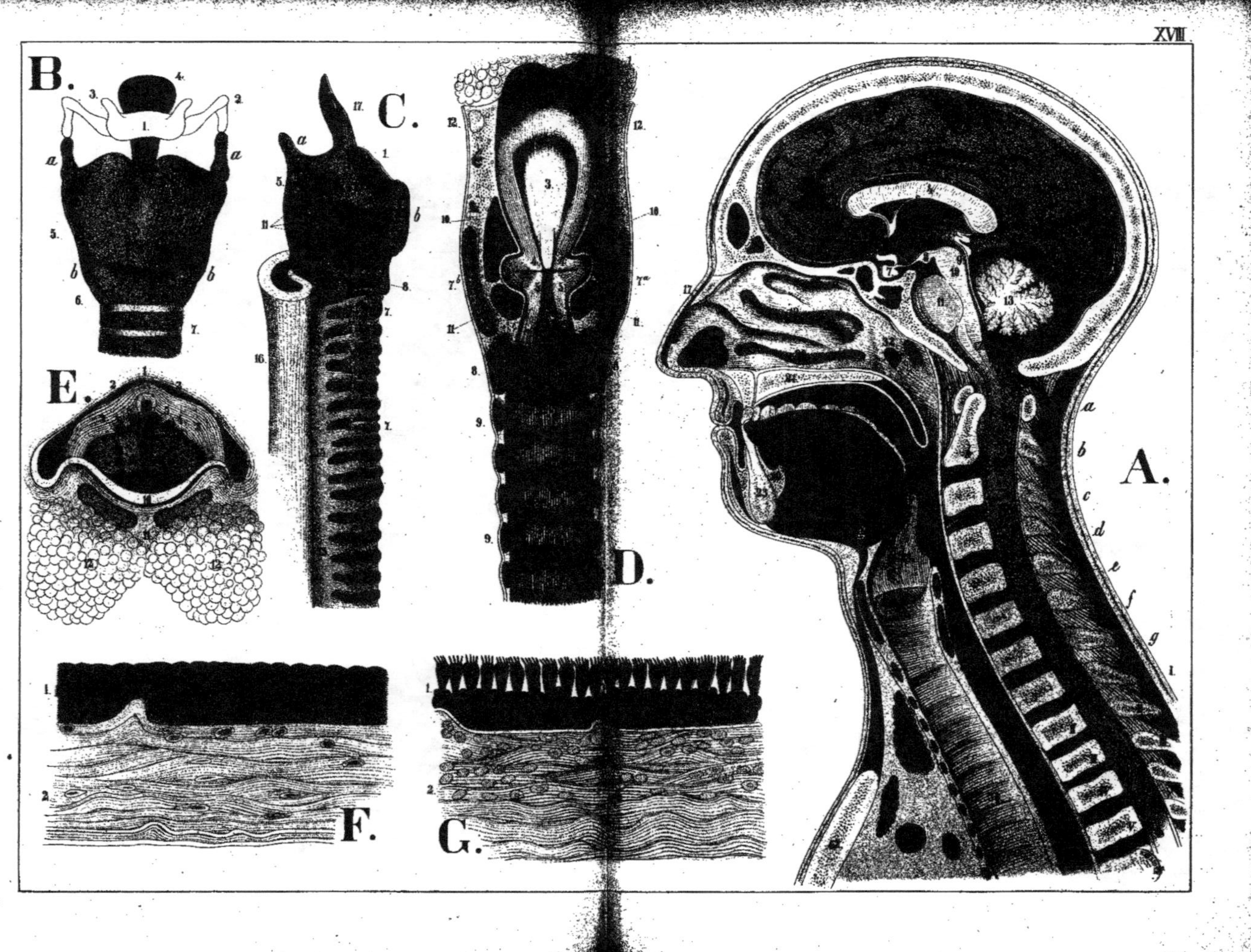
B.
C.
D.
E.
A.
F.
G.

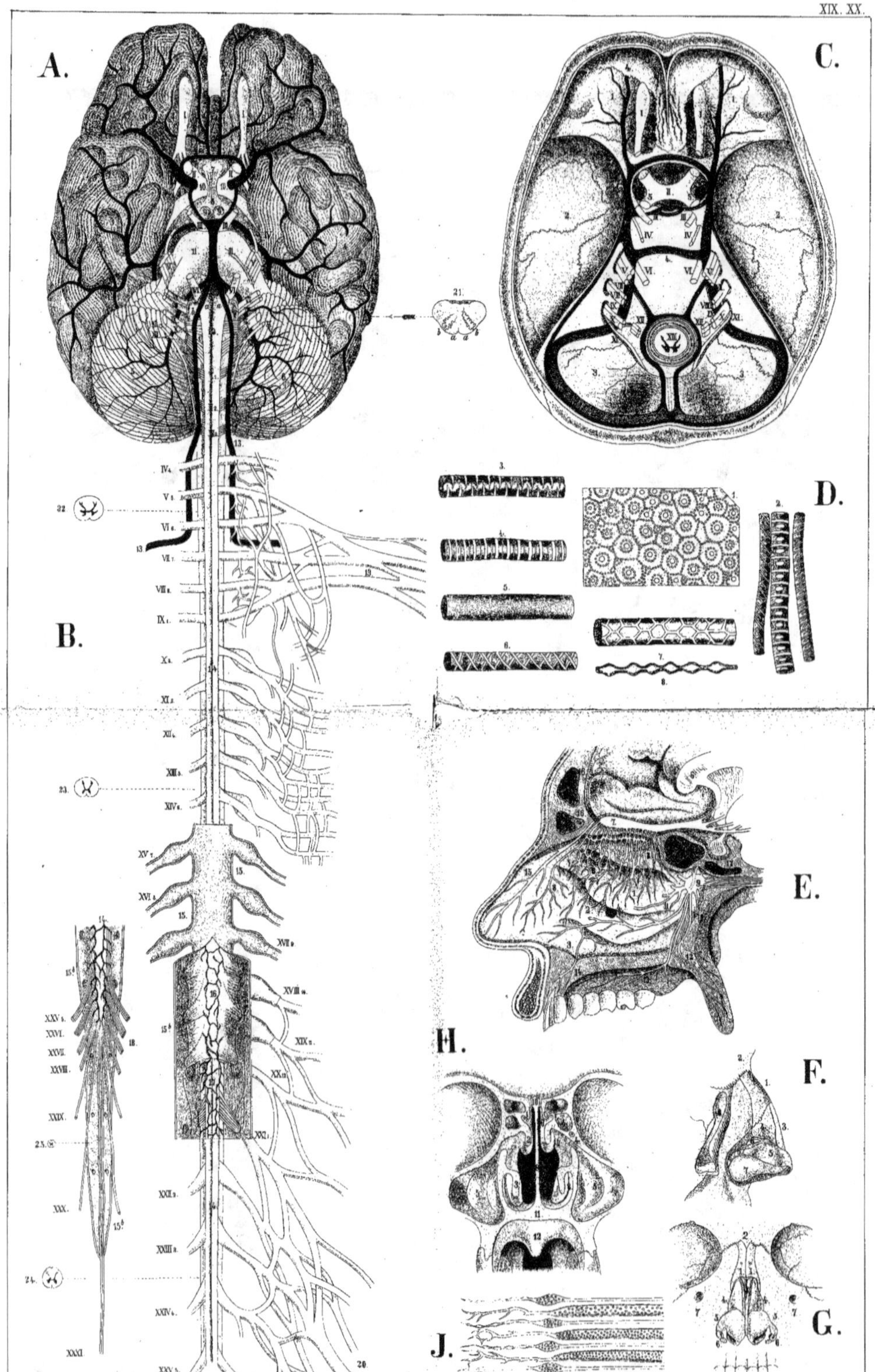

A.

C.

B.

D.

E.

H.

F.

G.

J.

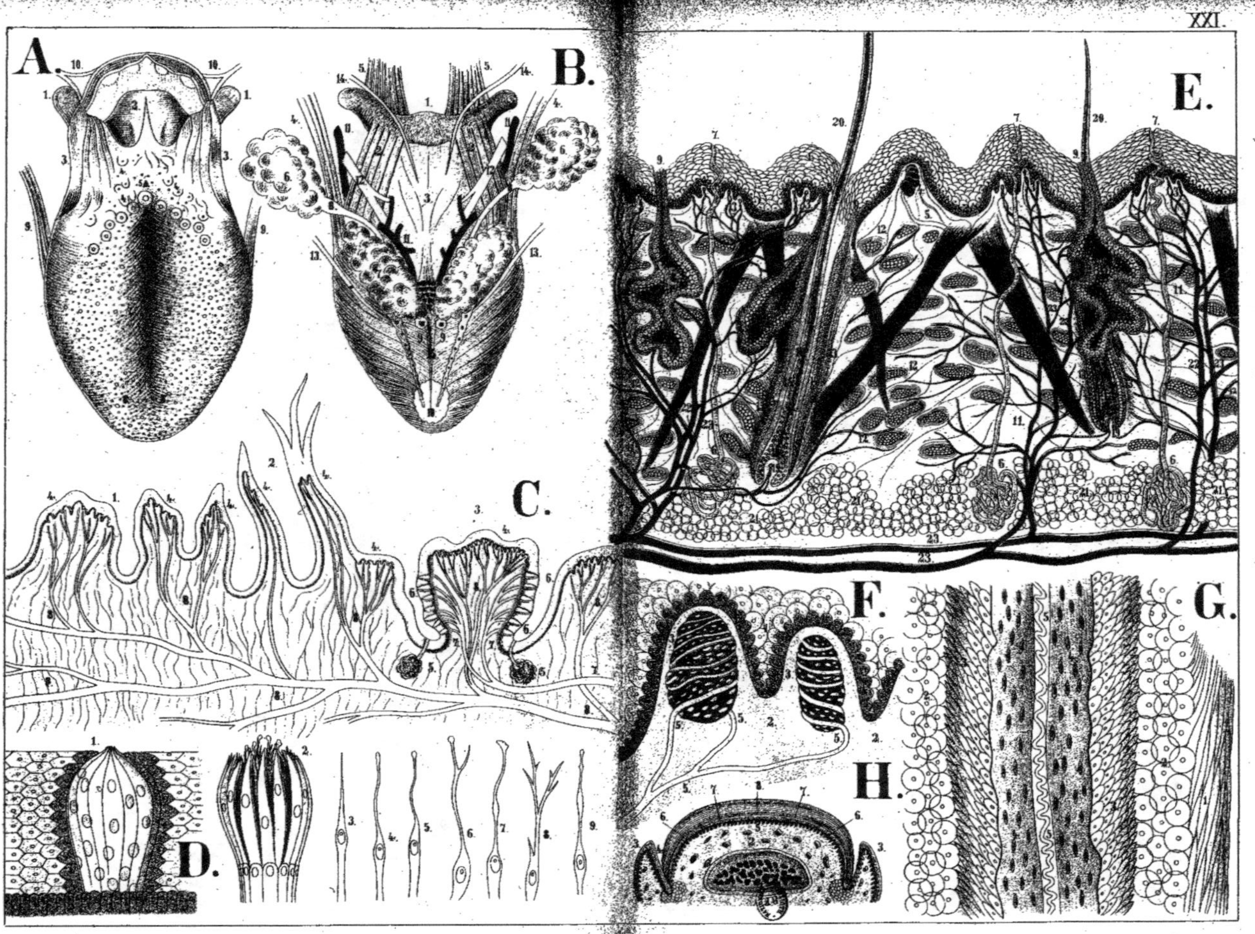
A.
B.
C.
D.
E.
F.
G.
H.

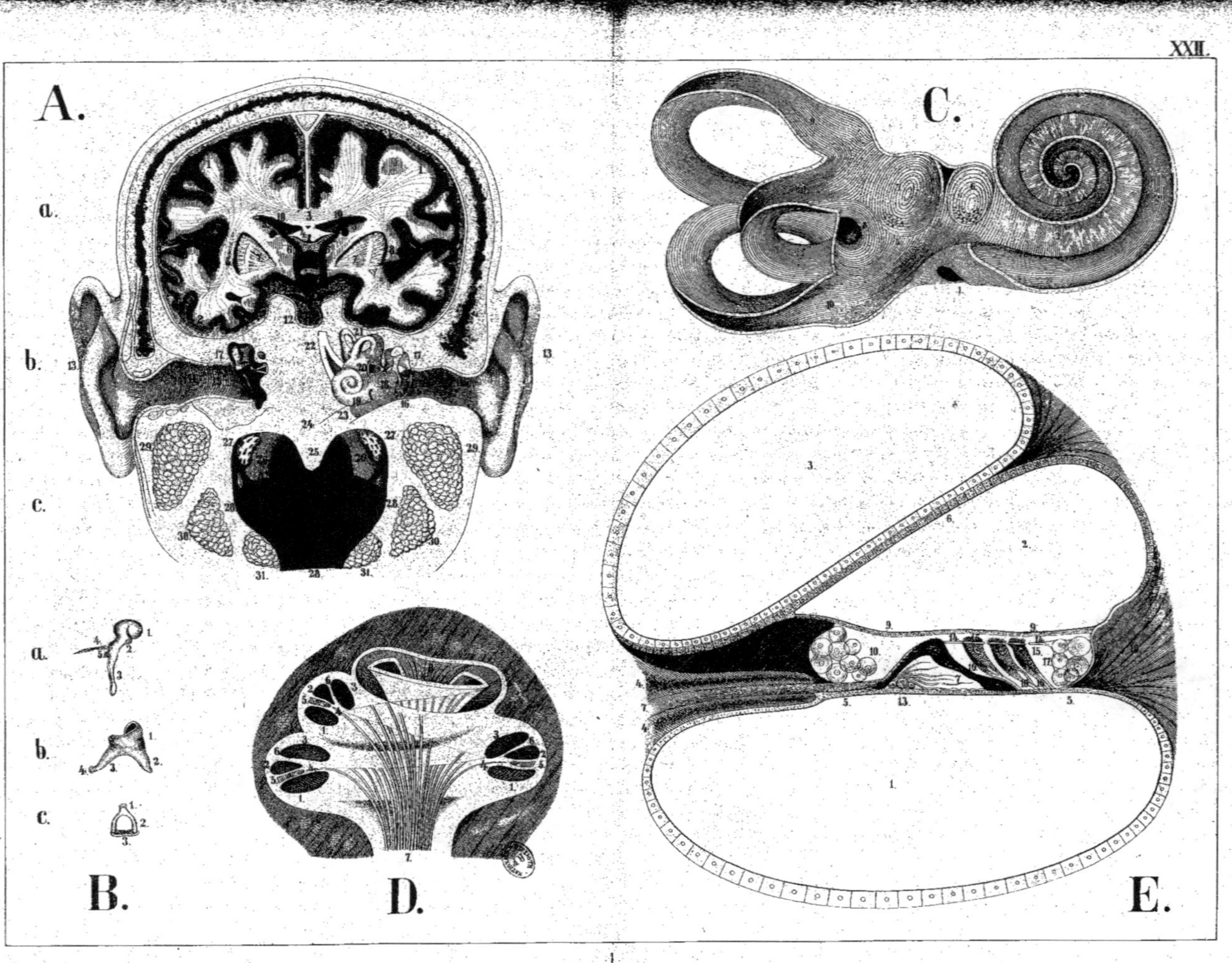
A.
a.
b.
c.
B.
a.
b.
c.
C.
D.
E.

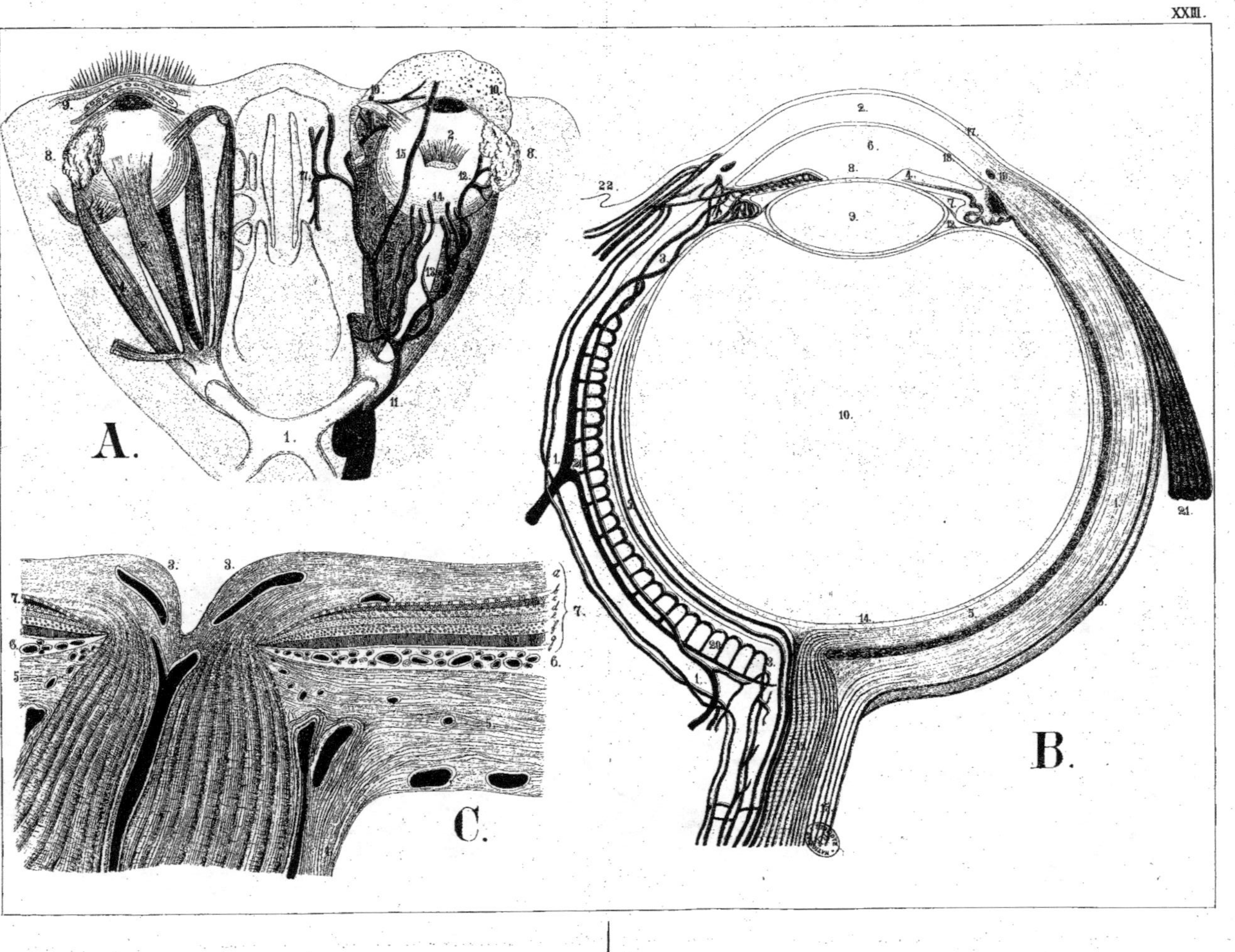
A.
B.
C.

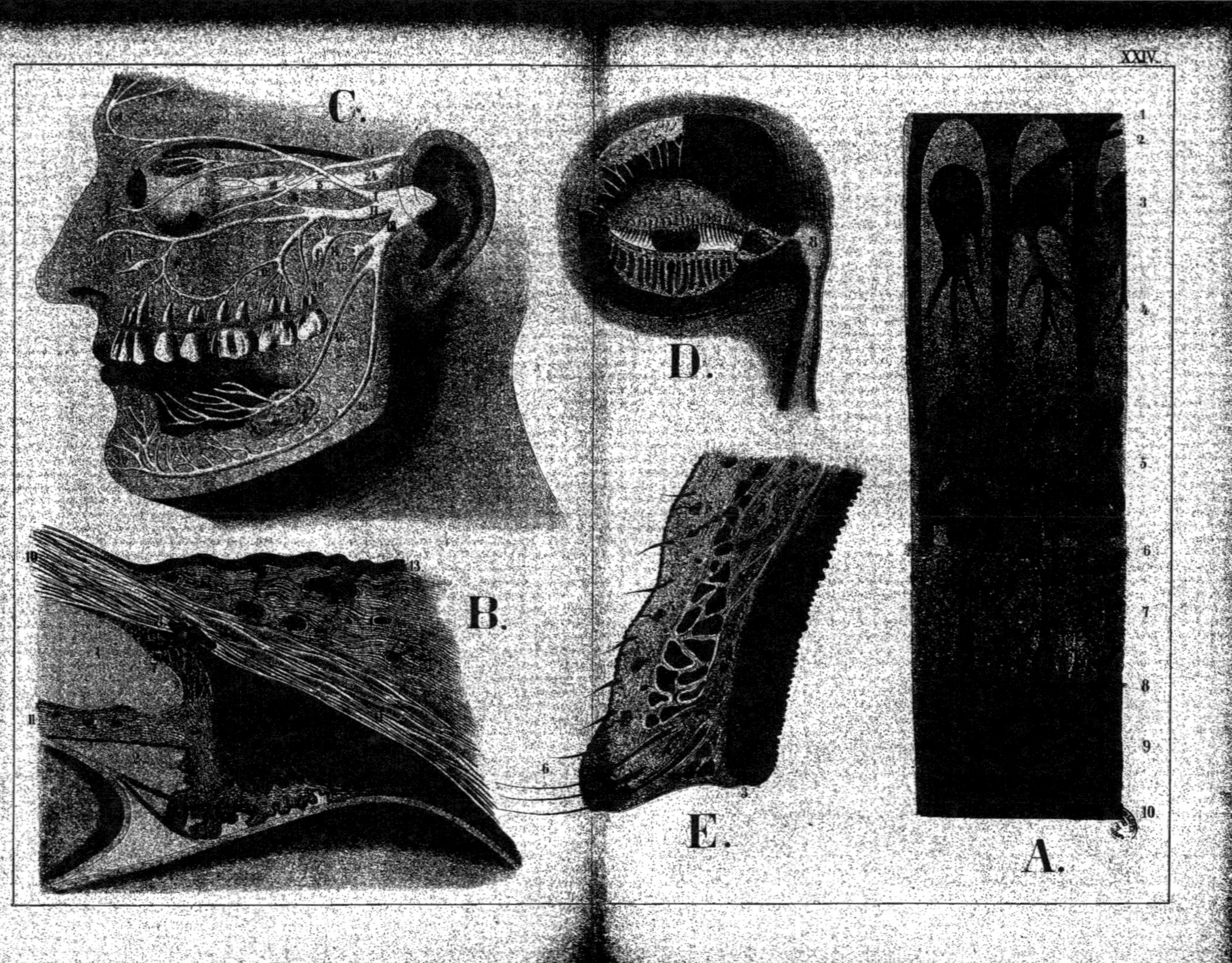
XXIV.
C.
D.
B.
E.
A.

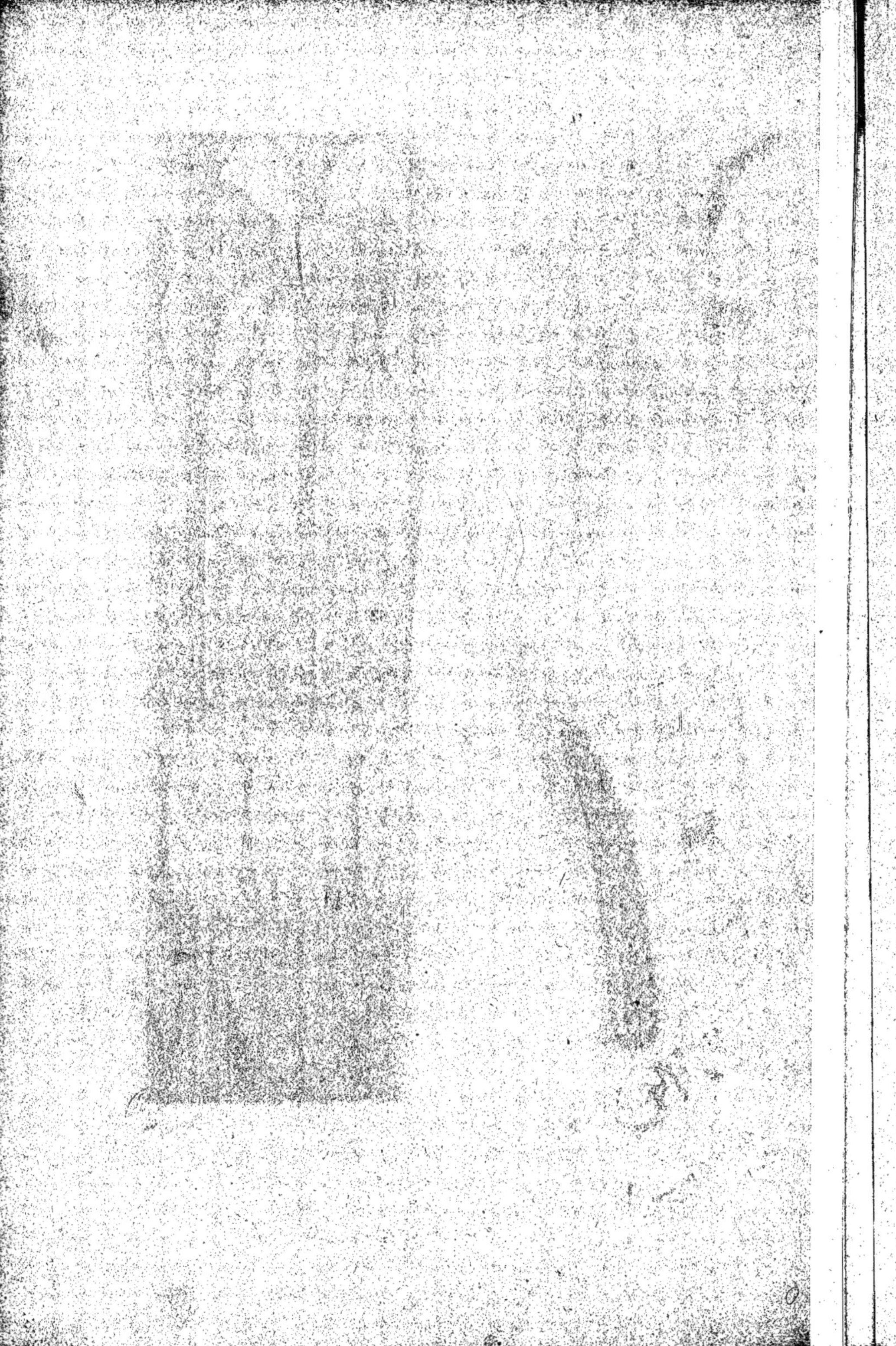

www.ingramcontent.com/pod-product-compliance
Lightning Source LLC
LaVergne TN
LVHW022033080426
835513LV00009B/1013

* 9 7 8 2 0 1 3 5 0 6 8 2 3 *